À PLEINES DENTS !

118, avenue Achille-Peretti
CS 70024
92521 Neuilly-sur-Seine Cedex
www.michel-lafon.com

GÉRARD DEPARDIEU

avec

LAURENT AUDIOT

À PLEINES DENTS !

Michel LAFON

« Je suis Gérard Depardieu, je suis citoyen du monde et je suis vivant. J'aime manger, rire et m'émouvoir. J'ai rencontré le chef Laurent Audiot il y a vingt ans. Nous sommes devenus amis et, depuis, nous partageons nos découvertes culinaires. La simplicité des produits, le contact humain et les territoires à explorer nous émerveillent depuis toujours. Nous voulons transmettre nos passions, nos aventures et cette vie gastronomique que nous dévorons à pleines dents. »

Gérard Depardieu

ÉCOSSE
BRETAGNE
ÎLE-DE-FRANCE
BAVIÈRE
PAYS BASQUE
ITALIE DU NORD
PORTUGAL
CATALOGNE
ITALIE DU SUD
MAROC

SOMMAIRE

ÎLE-DE-FRANCE

DE PARIS À MÉRÉVILLE

« Il y a 6 000 ans, quelques individus vivaient ici, sur les berges de la Seine. Paris devenu capitale, au centre de la région Île-de-France qui compte huit départements, n'a cessé de s'étendre. J'aime cette ville. J'y ai vécu et y demeure souvent encore. Comme Laurent, j'aime manger en fonction des saisons et des régions. Et Paris est une grande région culinaire. Il suffit de creuser un peu, de faire ressortir la tradition : champignon de Paris, chou de Pontoise, menthe de Milly, asperge d'Argenteuil, pissenlit de Montmagny, épinard de Rueil-Malmaison, fraise de Marcoussis. Ces noms raniment le passé mais construisent l'avenir.

En partant de Paris, vers Carrières-sur-Seine, Milly-la-Forêt, Chantilly ou Méréville, ou en nous arrêtant au château de Courances, nous allons redécouvrir les produits franciliens, dont certains nous réservent quelques surprises. »

Paris s'est considérablement transformé au XIXᵉ siècle. L'urbanisation créée par le baron Haussmann redessine la ville, l'Opéra Garnier est construit, le Sacré-Cœur, le métropolitain. Puis, grâce aux incroyables Expositions universelles, sortent du sol la tour Eiffel, le Petit et le Grand Palais, le pont Alexandre-III, la gare d'Orsay, devenue musée. Cette ville qui change et qui entre dans son ère moderne et mondiale offre des boulevards à la commercialisation de merveilleux produits culinaires.

LE MIEL DE L'OPÉRA GARNIER

Il y a 4 500 ans, le miel servait de sucre aux Gaulois. Et sur l'Opéra Garnier se cachent encore quelques ruches qui délivrent un miel au goût rarement égalé.

BORIS NAUDIN, apiculteur, récolte du miel de tilleul. Sans tilleuls parisiens, pas de miel. C'est essentiellement au mois de juin que se fait le pic de pollinisation. Et Boris récoltera le moment venu 30 kilos en moyenne par ruche. Ce dont on ne se doute pas… du miel sur les toits de Paris !

GAUTIER LA COMBE s'occupe du couvain, qui est le lieu où se trouvent les larves. On y voit la reine, plus grosse que les autres et de couleur verte. Elle est puissante, elle régule toute la colonie. Ses phéromones attirent le mâle, mais celui-ci ne peut la féconder qu'une fois. Il s'accroche à elle et lorsqu'il se décroche, ses parties génitales restent en elle. C'est très brutal. De même, lorsque l'abeille pique, elle s'arrache l'abdomen en plantant son dard. Un comportement kamikaze… Comme Einstein le disait, la fin des abeilles marquerait la fin de l'humanité, car il n'y aurait plus aucune pollinisation, et donc plus de fleurs, ni de fruits, ni de légumes…

« C'est vraiment magique. Je n'ai jamais goûté un miel aussi fin, qui nous rappelle toute la littérature de ce que pouvait être le miel dans l'Antiquité… Il est d'une telle subtilité ! »

LE CRESSON

Méréville

Les Parisiens consomment plus de 12 millions de bottes de cresson par an. Le cresson fait partie des stars des plantes comestibles. Napoléon l'a découvert de retour de la campagne de Russie, en Allemagne. Aujourd'hui, le meilleur cresson, c'est à Méréville qu'on le trouve, un petit village devenu la capitale internationale du cresson.

Pour nous parler des cressonnières, SERGE BARBERON, cultivateur de cresson, et son fils nous reçoivent. De septembre à mai, ils opèrent des coupes et gèrent les repousses toutes les quatre à cinq semaines. Un travail harassant où tout se fait manuellement et avec soin, car le cresson est une denrée assez sensible. De par cette pénibilité, les jeunes générations ne se bousculent pas pour prendre la relève...

Plante semi-aquatique qui pousse dans une eau de source très propre, le cresson peut se planter également dans les fossés baignés d'eau. On le conditionne après récolte et un bon prélavage, en le mettant au frais à 4-5 °C.
Très prisé pour son goût et sa consistance, le cresson possède des vertus aphrodisiaques, et selon certains, davantage encore si on le consomme avec des huîtres… Mais cela reste à vérifier. Son point fort nutritif est sa richesse en vitamines et en oligoéléments ; on le nomme « or vert ». Ses qualités sont aussi recommandées contre le diabète.
L'exploitation de Serge produit 70 000 bottes de cresson par an.

ASPERGES D'ARGENTEUIL AUX MORILLES

INGRÉDIENTS
Par personne

3 asperges
3 morilles
1 carcasse de volaille
1 oignon
1 carotte
1 bouquet garni (thym, laurier)
Un peu de vinaigre de Xérès
1 cuillerée à soupe de vinaigre blanc
1 œuf
50 g de beurre

CONSEILS DU CHEF

Ne pas saler l'eau dans laquelle vous pochez les œufs, le sel risquerait de liquéfier l'albumine du blanc.

Avec le reste des asperges, faire une crème d'asperges.

Les asperges

Éplucher les asperges d'Argenteuil et les couper à 5 cm de la tête. Les cuire al dente pendant 1 min dans l'eau bouillante salée.

Les morilles

Couper les pieds des morilles, les passer rapidement sous l'eau, puis les égoutter.

Le jus de volaille

Faire cuire la carcasse de volaille avec l'oignon, la carotte et le bouquet garni. Laisser cuire pendant 30 min et filtrer. Remettre dans la casserole et laisser réduire, puis ajouter le vinaigre de Xérès.

L'œuf

Porter à ébullition 1 litre d'eau avec le vinaigre blanc.

Casser l'œuf, le déposer dans une tasse, puis le faire glisser délicatement dans l'eau frémissante. Le laisser pocher 3 min, sans laisser bouillir l'eau. Le blanc doit être suffisamment coagulé pour enrober le jaune.

L'égoutter, puis le parer en éliminant les petits filaments qui se sont formés autour.

Dressage

Disposer l'œuf dans une assiette creuse. Avant qu'il ne se colore, faire suer les asperges et les morilles dans le beurre. Saler et poivrer. Les disposer harmonieusement autour de l'œuf. Napper de jus de volaille vinaigré réduit et servir aussitôt.

LA MENTHE

Milly-la-Forêt

La menthe de Milly était cultivée à l'origine dans la plaine de Nanterre par un dénommé d'Argonne. Au moment de la construction de la petite couronne, il a été exproprié et est venu s'installer à Milly-la-Forêt, où il a transplanté sa menthe. C'est une espèce appelée mitcham, très poivrée et à l'arôme fort, qui a de grandes vertus médicinales. Grâce à son taux de menthol élevé, elle dissout les graisses dans l'estomac après un repas bien copieux. Pour concentrer les principes actifs, on ne l'arrose plus à trois semaines de la récolte. Cette souffrance décuple son taux de menthol.

À Milly-la-Forêt, jusque dans les années 50, se concentraient de nombreux producteurs de plantes médicinales. À partir des années 60/70, de nouvelles espèces de plantes sont arrivées d'Europe de l'Est.

La menthe est un ajout incomparable dans la cuisine. Elle se marie très bien avec le gigot d'agneau, le foie de veau, le chocolat, et on en fait des sorbets délicieux, des liqueurs, des sirops.

La menthe se marie très bien avec le gigot d'agneau, le foie de veau, le chocolat, et on en fait des sorbets délicieux, des liqueurs, des sirops.

Milly comptait encore 150 producteurs de plantes médicinales en 1950. À l'heure actuelle, Catherine Bosc-Bierne est la seule productrice de menthe à Milly, où son arrière-grand-père s'est installé en 1920.

« J'ai été Christophe Colomb, Martin Guerre, Rodin. J'ai été Tartuffe, Jean de Florette, Cyrano, Chabert, Obélix, Vidocq, Alexandre Dumas et… François Vatel. L'immense Chef est mort ici à Chantilly, près de Paris, en 1671. Chargé des festins de Louis XIV, Vatel se suicida car la livraison des poissons était en retard. Trois siècles plus tard, les chevaux galopent toujours. Mais regardons un peu plus bas, là où se posent les mouches, dans le crottin de pur-sang. Ce crottin d'une qualité exceptionnelle devient ensuite du fumier. »

LES CHAMPIGNONS DE PARIS

Saint-Ouen-l'Aumône

Pour la FAMILLE SPINELLI, depuis 1937 et trois générations, tout commence ici. C'est dans ce fumier que la semence de leurs champignons de Paris est incorporée. Grégory, cultivateur, et son équipe produisent 1 tonne de champignons par jour. Un travail sept jours sur sept, car ceux-ci doublent très rapidement de volume et doivent être cueillis dès qu'ils sont à point.

« Ma grand-mère, qui habite en bout de piste à Orly, faisait son fumier. On mettait ça sur la terre l'hiver après avoir labouré, et puis elle plantait ses légumes. C'était d'une fertilité totale ! »

Dans le champignon de Paris, on trouve le blanc et le rosé ou brun, plus parfumé. Son volume double en vingt-quatre heures. Autrefois, le fumier était épandu à même le sol. Tout se faisait à la main. Le compost était amené en vrac dans les caves et le cultivateur organisait les litières, les différentes couches. Le champignon étant une moisissure, il n'y a pas de graine. La moisissure se répand sur le fumier, puis monte en terre, et les champignons apparaissent en surface. Un champignon de petite taille est parfois plus mûr qu'un gros. Tout est une question de fermeté. Une journée supplémentaire lui permettra de gagner cette robustesse et du goût. Pour d'autres espèces comme les pleurotes ou le shiitake, le travail se fera avec de la paille plutôt que du fumier.

LE CHOU DE PONTOISE

À Neuville-sur-Oise, LAURENT BÉRURIER cultive trente-trois variétés de chou. Cette entreprise familiale est réputée pour son chou de Pontoise. De génération en génération. Dans les années 60, chaque agriculteur avait sa souche de chou de Pontoise. Mais à Neuville-sur-Oise, c'était essentiellement cette culture qui se pratiquait, à raison de 180 000 choux produits par an.

Laurent pense faire des embeurrées de chou relevées de cumin pour accompagner les rougets, avec une petite vinaigrette. Ou encore une cassolette de légumes avec du haddock fumé. Délicieux ! Il livre là une recette originale avec le chou de Pontoise.

L'exploitation agricole créée par le père et la mère de Laurent Bérurier dans les années 70 approvisionne cent chefs gastronomiques. Les Bérurier ont élargi à trente-trois le nombre de variétés de choux au fil des années.

CHOU DE PONTOISE FARCI

INGRÉDIENTS
Pour 4 personnes

1 chou de Pontoise
1 linge de cuisson
De la ficelle
2 bardes de lard gras
2 carottes
2 oignons
1 morceau de lard
1 bouquet garni
50 cl de fond de volaille

Pour la farce :
250 g de chair maigre de porc
250 g de lard gras
1 oignon
1 gousse d'ail
1 cuillerée à café de sel

Le chou

Blanchir à l'eau bouillante salée le chou de Pontoise pendant une dizaine de minutes. Le rafraîchir et l'égoutter.

Déposer sur le linge de cuisson humide 2 longueurs de ficelle croisées et le chou. Écarter les grosses feuilles de façon à pouvoir retirer les feuilles du milieu (le cœur).

Hacher le cœur puis le mélanger avec le même volume de farce fine de porc.

Assaisonner avant de garnir l'intérieur du chou. Rabattre les feuilles afin de reformer le légume.

Barder le chou et l'enfermer dans le linge humide.

Ficeler avant de le déposer dans une cocotte en fonte.

Cuisson

Ajouter les carottes, les oignons, un morceau de lard gras coupé en dés et un bouquet garni.

Mouiller à hauteur avec le fond de volaille. Couvrir puis mettre au four. Cuire environ 2 h à 180 °C.

Dressage

Égoutter le chou. Retirer le linge, la ficelle et les bardes.
Dresser dans un plat de service. Faire réduire le jus de cuisson et passer la sauce obtenue au chinois, puis en napper le chou.

CONSEIL DU CHEF

Pour la farce, passer deux fois au hachoir à grille fine, la chair maigre de porc et le lard gras. Ajouter l'oignon et la gousse d'ail finement ciselée, 1 cuillerée à café de sel et du poivre.

LE PLUS

On peut ajouter de la truffe fraîche lorsque c'est la saison.

LE POTAGER DU CHÂTEAU DE COURANCES

Des légumes, on en trouve partout en Île-de-France. Courances en cultive plus d'un. Dans le potager du château, tous les légumes sont présents, et notamment certains qui sont particulièrement rares, comme les multiples variétés de courges : de Nice, à corne ou cornue, et bien d'autres qui font la spécificité de ce lieu plein de charme. La COMTESSE DE GANAY, depuis son enfance, est passionnée par son château, son potager et ses 1 800 hectares de terres cultivables. Si cinq siècles dessinent cette histoire, c'est une nouvelle ère qui débute.

Valentine de Ganay Hansen aime nous montrer les merveilles de son potager et nous parler de savoir-faire culinaire. Par exemple pour cuisiner la courge à corne, elle l'épépine, la gratte bien, l'incise simplement et la farcit. Par les incisions, le jus descendra plus facilement dans la courge et la rendra moelleuse pendant la cuisson d'une demi-heure au four.

« Quand j'étais apprenti imprimeur, j'imprimais le papier des bouchers. Et il y avait une charcuterie en face. Je prenais du pied de porc vinaigrette, j'avalais ; ses jambonneaux, je les trouvais toujours un peu trop secs, mais j'adorais ça. Les meilleurs que j'aie mangés, c'était en Alsace au moment du film de Francis Girod René La Canne. Je mangeais des jambonneaux le matin et je m'éclatais. »

LE JAMBON DE PARIS

Le jambon produit dans la capitale, c'est chez YVES LE GUEL, charcutier. C'est le dernier jambon qui se fait à Paris. Yves met tout en œuvre pour l'excellence de son jambon : la saumure qui sale à l'intérieur, par le cœur du jambon ; le pompage à l'artère qui enlève les impuretés. Tout à l'ancienne.

« Parfois un sandwich suffit, mais il faut du pain, du bon, et du jambon de qualité, du Prince de Paris, le seul qui soit encore produit dans la capitale. »

En surveillant bien la qualité par des tests, des dégustations régulières. Il produit 180 jambons par jour. Les porcs viennent d'élevages de la Sarthe, de la Mayenne ou de Bretagne.

Une fois salé, le jambon est glissé dans une enveloppe appelée « chaussette », puis il est mis sous vide avant d'être cuit. En cuisson vapeur, le sac va un peu se détendre et le bouillon sortir. Comme lors d'une cuisson de viande. En refroidissant, le jus devient gelée. Ainsi le jambon reste bien dans son jus et prend toute sa saveur.

Chimiste de formation, Yves Le Guel a tout abandonné en 2004 pour se consacrer à la fabrication du jambon. Il a trouvé une petite salaison au cœur de Paris, où il a appris le métier à l'ancienne avec le maître charcutier à qui il a racheté le commerce. La transmission s'est faite naturellement et dans la plus pure tradition. Son jambon est excellent de saveur et de tendreté.

ÉCOSSE

DE DINGWALL À L'ÎLE DE SKYE

« Quel que soit son statut politique, l'Écosse est un pays à part entière. Avec un peuple et une culture depuis des siècles.
Être écossais, ce n'est pas seulement y être né, c'est aimer le pays et y vivre avec son cœur et son âme. Comme Laurent, j'ai entendu l'appel de la rivière et celui du saumon qui remonte aux sources et qui, irrésistiblement, retourne vers un monde encore sauvage. Car être sauvage, c'est se fondre dans la nature, conserver sa vérité. Ici, le décor est brutal et déchaîné. Le cœur des montagnes écorchées est puissant comme le whisky, et l'aventure s'exhale de chaque vague, de chaque roc, de chaque Écossais.

Voyager avec Laurent, explorer les cultures et les réserves culinaires du monde ne me lasse jamais. Nous voilà donc en Écosse, dans les hautes terres, les Highlands, Dingwall, Oldby, et surtout l'île de Skye, l'île des nuages. »

SHORTHORN, HIGHLAND ET SIMMENTAL

À Orbost Farm, la ferme de KEITH JACKSON, le cheptel est de race moitié shorthorn, moitié highland. Keith a commencé à constituer son troupeau avec deux vaches, il en a à présent soixante-dix.

Les taureaux de race simmental ont des cornes qui pointent vers le bas, et les femelles, vers le haut, dont l'épaisseur dépend de l'alimentation. Ces bêtes atteignent l'âge adulte au bout de quatre années environ. Elles sont très musclées, ce sont des championnes, des athlètes. Elles vivent dans les collines, en altitude, et ne restent pas dans les pâturages à brouter de l'herbe. En paissant, elles entretiennent les surfaces et contribuent au maintien de l'écosystème. En plus de leurs vaches highland, Keith et sa femme Rachael élèvent des moutons soaw, qui ne vivent qu'ici.

Les highland sont élevées en Écosse depuis le XVIe siècle. Elles sont croisées avec une race plus petite pour accélérer la croissance tout en gardant le persillé.

LES LANGOUSTINES DE KELTIC SEAFARE

Les langoustines adultes ont 8 à 9 ans et les plus petites 1 an ½ à 2 ans. Lorsqu'elles sont plus âgées, elles sont plus grosses. La langoustine se terre dans la vase et se pêche plus facilement le matin très tôt ou le soir tard. Elle ne sort de la vase que pour se nourrir.
Celles nommées « pattes rouges », en raison de leurs pinces bien rouges, sont les meilleures. Une fois pêchées, elles sont mises dans l'eau sur le bateau, pour être déchargées aux ports d'Elgol ou de Portree, dans des camionnettes réfrigérées qui iront jusqu'à Dingwall. À l'arrivée, elles sont immédiatement déversées dans d'immenses viviers, ce qui leur permet d'être au calme pour la nuit et moins stressées. Le lendemain, elles sont mises en alvéoles et expédiées vers les grands restaurants.

« L'Écosse, comme tous les pays imprégnés par leur histoire et leur culture, oscille entre folklore et envie d'un futur débarrassé des clichés. Mais les traditions font souvent partie du quotidien et avec Laurent, nous allons où notre envie nous mène, où la soif nous pousse. »

Les langoustines nommées « pattes rouges », en raison de leurs pinces bien rouges, sont les meilleures.

À Keltic Seafare, Katherine Rhodes nous parle des spécificités de la pêche aux langoustines et de la majorité des acheteurs, qui sont à Londres ou à Paris. Elle est fournisseur officiel de Buckingham Palace, et la reine lui a accordé un prestigieux « Royal Award », gage de sérieux et de qualité, dont elle est très fière.

SALADE DE HOMARD

INGRÉDIENTS
Pour 4 personnes

1 homard de 500 g
Court-bouillon
1 salade
Vinaigrette

Pour la sauce cocktail :
3 cuillerées à soupe de mayonnaise
1 cuillerée à soupe de ketchup
1 trait de whisky
Piment en poudre (facultatif)

Le homard

Choisir un homard qui ait de longues et belles antennes.

Préparer un court-bouillon classique. Y plonger le homard et le cuire pendant 10 min. L'égoutter.

À l'aide d'un maillet, décortiquer les pinces. Laisser le corps attaché pendant 5 min, cela lui permet de finir de cuire.

Séparer la tête de la queue. Décortiquer celle-ci. Laver la tête du homard, qui servira pour la présentation.

Dressage

Ciseler la salade avec un couteau bien aiguisé. La disposer en lit dans le plat de service et l'assaisonner d'une vinaigrette classique. Couper la queue du homard en médaillon. Reconstituer la forme du crustacé.

Servir à part la sauce cocktail.

SAUCE COCKTAIL

Ajouter le ketchup et le whisky à la mayonnaise. Relever la sauce de piment si souhaité.

« Le plaisir de la table, c'est aussi le partage et puis le même regard. Le même désir. C'est comme des gens qui se retrouvent pour discuter d'un bon livre ou d'un bon film... Ou d'un beau tableau. Ou d'une bonne partie de pêche... Ou d'une bonne partie d'amour. »

RHODA FRASER
KILTMAKER

LE WHISKY

Île de Skye

Le whisky est 100 % écossais. C'est la boisson nationale, le principal produit d'exportation, et il s'épelle correctement avec un « y » à la fin, et non pas « ey ». Depuis très longtemps, le whisky est fabriqué avec de l'orge. Il avait des vertus médicinales et était utilisé pour luttr contre les infections, désinfecter une plaie. En Écosse, il n'y a jamais eu de prohibition et la fabrication a toujours été libre, même si la profession n'a pas toujours été très légale. D'ailleurs, le mot *poit dhubh*, qui désigne une gamme de blended malts non filtrés, signifie « distillerie clandestine » en gaélique. C'est ainsi que la majorité du whisky était produite à Skye.

Un whisky « single malt » provient d'une seule distillerie. Un whisky « pur malt » est fait uniquement avec des grains maltés provenant d'une seule distillerie. Le « blend », avec des grains maltés de distilleries différentes.

Cela se rapproche du principe du vin de Bordeaux. Certains vignerons assemblent plusieurs vins de grande qualité pour fabriquer un produit d'exception. Le whisky des îles écossaises n'a rien à voir avec celui du reste du pays. Il a un goût beaucoup plus tourbé, fumé et salé. L'eau joue un rôle très important. Si le whisky est produit près de la mer, il sera plus salé. Si le sol est tourbeux, le whisky aura un goût tourbé, fumé et très prononcé. S'il vient d'une région montagneuse parcourue de nombreux cours d'eau, il sera beaucoup plus doux.

Dans la région du malt, les graines d'orge, de maïs ou de seigle, une fois germées, sont cuites et vont servir de base pour la fabrication du whisky. Au pub Eilean Iarmain, Kieran MacInnes raconte l'histoire du whisky et fait déguster son 43 %, bien fort, au goût sucré. Unique !

LA PANSE DE BREBIS FARCIE

La panse de brebis farcie, spécialité de la plus pure tradition écossaise qui soit, est constituée d'abats de mouton, plus précisément le cœur, les poumons et le foie, cuisinés dans un boyau de mouton avec des épices et, parfois, une sauce. Le poète RODY GORMAN explique qu'avant de manger une panse de brebis farcie, il faut réciter un poème traditionnel et porter un toast :

" Bénie...
Bénie soit votre honnête et attrayant visage,
Grand chef de la race des saucisses !
Au-dessus d'eux tous vous prenez place,
Panse, tripes ou boyaux :
Vous êtes bien dignes d'un bénédicité
Aussi long que mon bras.
Voilà que vous remplissez le tranchoir qui gémit.
Donnez-lui un haggis !
Trinquons ! „

NOISETTES DE CHEVREUIL AUX MYRTILLES SAUVAGES DE L'ILE DE SKYE

Le chevreuil

Désosser les filets de la selle de chevreuil et tailler dans les derniers de belles noisettes.

Les faire mariner durant la nuit avec les baies de genièvre, la carotte, l'oignon et le bouquet garni.

Avec les os de la selle, faire un bon fond de gibier.

Cuisson

Faire cuire les noisettes de chevreuil dans une sauteuse avec le beurre clarifié, les tenir saignantes.

Poser les noisettes sur le plat de service et déglacer la sauteuse avec le whisky puis ajouter le fond de chevreuil.

Laisser réduire de moitié, ajouter la crème fraîche et la gelée de myrtilles sauvages.

Rectifier l'assaisonnement et napper les noisettes avec la sauce réduite.

Dressage

Garnir le plat avec des pommes au four.

LA COQUILLE SAINT-JACQUES

Île d'Ewe

JANE GRANT effectue deux ou trois plongées par jour. La pêche dure quarante-cinq minutes à chaque fois. Les plongées se font à 10-15 mètres en hiver, dans une eau qui ne dépasse pas 6 °C, et à 20-30 mètres en été, à une température entre 8 et 9 °C. La pêche est sélective. Seules les plus grosses coquilles Saint-Jacques sont pêchées. Ce qui permet de pêcher toute l'année, les périodes de reproduction n'entrent plus en ligne de compte. Les coquilles Saint-Jacques d'Écosse sont transportées en Norvège, où on les fait se reproduire dans une écloserie. Ensuite, les minuscules naissains (larves des mollusques) sont rapportés en Écosse, et répandus dans l'eau pour que la production se développe. L'âge des saint-jacques se détermine par le nombre de stries qu'elles comportent. À 4 ans ½, leur goût sera plus sucré.

La production varie entre 500 000 et 1 million de coquilles par an, mais Jane ambitionne une plus grande production et recherche, pour cela, des investisseurs. Avec des apports financiers, l'île d'Ewe pourra avoir sa propre écloserie.

Sur l'île d'Ewe, qui compte 12 habitants, Jane Grant est pêcheuse de coquilles Saint-Jacques. Elle rêve de faire évoluer la pêche pour en finir avec celle au chalut pélagique qui fait tant de dégâts en draguant les fonds sableux.

Le grand-père de PHILIP KERR était menuisier-charpentier à Édimbourg. Il s'appelait Tom Brady et affirmait être le descendant d'un célèbre voleur écossais, un certain Deacon Brodie. Dans les vieux quartiers d'Édimbourg, on trouve un pub qui s'appelle « la taverne de Deacon Brodie ». C'est ce Brodie qui a inspiré les personnages de *Docteur Jekyll et Mister Hyde*. Le jour, c'était un homme respectable et la nuit, un voleur. C'était vers 1780, et lorsque les autorités d'Édimbourg l'ont démasqué, elles l'ont fait pendre. Philip a vite compris que c'étaient les détails, les petites touches de couleur, qui permettaient de créer un tout. À la façon de Georges Seurat, le peintre pointilliste qui l'inspire.

Philip Kerr fait découvrir à Gérard et Laurent le petit déjeuner traditionnel écossais : poissons fumés (harengs dits « kippers », haddocks), saucisse, haricots, boudin aux pommes. Les poissons fumés sont traités par les poissonniers eux-mêmes dans un fumoir, et toute la qualité du fumage tient au bois qui est utilisé.

« Si je mange beaucoup, je lis beaucoup aussi. Les écrivains écossais, bien sûr. Si j'aime beaucoup Walter Scott et son Ivanhoé ou Stevenson et son Île au trésor, je voue une passion au polar : Conan Doyle, le créateur de Sherlock Holmes, était écossais. Philip Kerr l'est aussi. J'ai dévoré toute son œuvre. Son héros Bernie Gunther est un détective allemand qui vit à Berlin pendant le régime nazi. Tout comme moi, Philip Kerr aime voyager, il aime manger, il n'aime pas les sentiers battus, et c'est pour cette étincelle de liberté que je voulais rencontrer cet Écossais, citoyen du monde. »

« Je suis une mauvaise herbe, Laurent aussi. Les mauvaises herbes, ça vole partout, vers les autres, vers le partage. Le voyage ouvre des portes que nous pensions fermées et nous offre un monde différent, loin de nos pensées arrêtées. On ne peut connaître la vérité qu'en étant sur place et en rencontrant les gens. Le voyage est aussi ce qu'on sent, ce qu'on voit, ce qu'on goûte. Le voyage, c'est le choc de la nature. C'est être abasourdi par la beauté. »

BRETAGNE

DE CARANTEC
À L'ÎLE DE BATZ

« Comme un homard qui grandit, comme un abricot qui mûrit, comme un beurre qui monte, comme un artichaut qui s'arrondit, l'amitié se construit avec le temps. Au fil des saisons, des rencontres et des instants présents transformés en souvenirs, Laurent Audiot est devenu un ami, mon ami.
Laurent est chef cuisinier et ensemble nous partons régulièrement à la recherche de nouvelles pépites culinaires et de produits authentiques. Cette simple perfection, nous voulons la partager et devenir comme un moyen de transport, une embarcation qui dérive vers le plaisir. »

La Bretagne est la première région de pêche en France, avec plus de 2 500 kilomètres de côtes. Ici dans le Finistère, autour de Morlaix, de Carantec, de Lannilis, nous allons raconter le cidre, délivrer le secret du levain, et cultiver ces instants magiques qui s'égrènent au fil de la vague.

LE HOMARD DE ROSCOFF

Sur le chalutier parti de Roscoff, ancien repaire de corsaires devenu la capitale de l'oignon, c'est le grand bleu qui nous intéresse : le homard. Un roi qui n'a pourtant pas toujours été honoré. Il y a quelques siècles, il abondait et servait d'alimentation aux moins riches, on en donnait aux prisonniers et le surplus ramassé sur les plages servait même d'engrais. Aujourd'hui, les pêcheurs de Roscoff, comme CLAUDE CABIOCHE, en rapportent encore plusieurs centaines de tonnes par an. Claude et son père ont commencé tous deux dans la marine marchande. La pêche au homard dans les casiers est tout un art. Les casiers se changent tous les vingt-cinq à trente ans.

Le homard, crustacé de la Bretagne par excellence, a une taille réglementaire qui se mesure du dessous, du coin de l'œil jusqu'au bas du coffre. La femelle est blanche, le mâle, noir. Au cours de sa croissance, il prend 200 grammes par an et, tout comme le tourteau, il a besoin, pour bien se développer, d'une eau entre 5 et 18 °C environ. En dessous de 5 °C, il se fige dans un coin et ne bouge plus. Il hiberne. À une température de 20 °C, il meurt. C'est au moment où les coefficients sont les plus bas que les pêcheurs de homard passent à l'action.

Dans son restaurant de Carantec, le chef Patrick Jeffroy teste une flambée de whisky, à la place du cognac, pour nous régaler de son homard à l'américaine. Pour lui, les produits sont les stars du repas, car les bonnes choses sont celles qui gardent la saveur de ce qui les compose.

« À L'AMÉRICAINE »

On emploie le plus souvent le terme « à l'armoricaine » en raison de la région Armorique, qui est une grande productrice de crustacés. Mais celui-ci n'est, en fait, qu'une déformation de « à l'américaine ». L'origine de l'expression provient d'un cuisinier français sétois, Pierre Fraysse. De retour d'Amérique et d'un séjour à Chicago en tant que chef, il ouvre en 1854, à Paris, le restaurant Chez Peters. Un soir, peu avant la fermeture, des convives se présentent et insistent pour dîner. Il se remet donc aux fourneaux, mais le temps et les marchandises lui manquent. Il décide alors de cuire des homards dans une sauce composée de tomates, ail, échalote, vin blanc, cognac et, afin que le homard cuise plus rapidement, il le coupe en morceaux. Le repas est une vraie réussite et le chef nomme ce plat « homard à l'américaine », sous l'influence de son voyage outre-Atlantique.

HOMARD À L'AMÉRICAINE

INGRÉDIENTS
Pour 4 personnes

4 petits homards de 700 g
1 pincée de fleur de sel
1 cuillerée à soupe d'huile d'olive
60 g de beurre
1 oignon
1 belle carotte
Un peu de fenouil
3 gousses d'ail
1 trait de whisky
et 1 verre de vin blanc sec
3 tomates fraîches
1 bouquet garni et un peu d'estragon frais
Quelques petites pommes de terre nouvelles
de l'île de Batz

CHOIX DU MARCHÉ
Choisir un homard le plus vivant possible et s'assurer que les antennes soient très longues, ce qui est un signe que le crustacé n'a pas séjourné longtemps en vivier.

Les homards

Casser légèrement les pinces des homards, tailler en 4 tronçons chaque queue en prenant soin de retirer le boyau noir. Assaisonner les morceaux de fleur de sel.

Les saisir dans un sautoir, les blondir uniformément en les arrosant avec l'huile d'olive. Les cuire pendant environ 3 min. Retirer ensuite les morceaux et les réserver au chaud.

Le beurre de corail

Mélanger le beurre, le corail et les parties blanches du homard. Conserver au réfrigérateur.

Le fumet de homard

Faire suer les têtes et les pattes des homards concassées dans un sautoir. Ajouter la garniture aromatique : oignon, carotte, fenouil, gousses d'ail. Dorer légèrement en décollant tous les sucs.

Déglacer avec le whisky. Verser le vin blanc sec et réduire de moitié.

Ajouter les tomates fraiches, le bouquet garni, l'estragon frais et laisser mijoter 15 min.

Passer le fumet de homard à l'étamine, cuire les morceaux réservés à petits frémissements pendant environ 10 min dans le fumet.
Réduire le liquide de moitié, le lier avec le beurre de corail froid.

Dressage

Napper le homard et servir aussitôt accompagné des petites pommes de terre de l'île de Batz.

LE CIDRE DE KERVEGUEN

ÉRIC BARON aidait son père à faire le cidre sur son pressoir. Étudiant en faculté de sociologie à Rennes, c'est en travaillant les mains dans le marc de pomme qu'il a eu un coup de cœur énorme. Il a su immédiatement ce qu'il allait faire… Le cidre est une histoire de famille chez les Baron, puisque son grand-père paternel en produisait déjà pour sa consommation personnelle. Il livrait aussi des barriques de cidre aux cafés bretons pendant la Seconde Guerre mondiale. Aujourd'hui, Éric produit de 200 à 400 kilos de pommes chaque année. Ses pommiers donnent une année sur deux, et il brûle quelques fleurs à chaque floraison pour éviter que l'arbre ne s'épuise en donnant trop de pommes.

Producteur du cidre de l'Élysée, Éric livre ses secrets : « La pression lente laisse au marc de pomme tout son potentiel aromatique. Il me faut vingt-quatre heures pour obtenir ce que beaucoup de cidriers obtiennent en une heure ! Grâce à un ramassage régulier des pommes à cidre — toujours à la main, à l'automne et tous les huit jours, sur un gazon tondu (détail important qui évite des fruits fades et chargés d'eau) —, les pommes vont pouvoir mûrir tranquillement au sec et sous abri pendant un à trois mois. Au commencement de l'hiver, nous les broyons puis les pressons, enfermées dans des claies. Le moût obtenu (premier jus de pomme) passe alors une douzaine de jours dans une cuve afin de libérer pestine, traces et autres impuretés diverses, matières azotées, le jus clair soutiré va fermenter pendant six à huit mois, en fûts de chêne, milieu vivant qui donne un petit goût boisé à nos crus.

Dans les caves d'Éric, Gérard procède à l'assemblage entre deux variétés : la douce moine et la marie ménard. Le mélange se fait en passant d'une cuve à l'autre toutes les trente secondes. Une bonne dégustation après l'effort s'impose...

» La fermentation sera stabilisée par deux ou trois soutirages et filtrations légères qui permettent d'éliminer une grande partie des levures responsables de la fermentation alcoolique. Nos pommes sont élevées jusque-là de façon individuelle. Les assemblages permettent, avant la mise en bouteilles, de marier les différentes variétés (pommes amères, douces-amères et douces) et de réaliser ainsi, selon leur teneur en sucre résiduel, en fructose, trois cuvées (moelleux Carpe Diem Prestige, brut ou la Cuvée du Paysan, extra-brut... pour les amateurs du cidre de ferme plus dur). À la mise en bouteilles, au printemps, les jus sont plats (sans CO^2 ajouté) et il faut attendre quatre à six semaines pour que le CO^2 se redéveloppe naturellement et donne de fines bulles tant appréciées. »

LE CHOUCHEN

Le chouchen (en breton : *chouchenn* ou *mez*) est historiquement proche mais différent de l'hydromel. C'est une boisson alcoolisée obtenue à l'issue de la fermentation du miel dans du jus de pomme, rejoignant ainsi la catégorie des œnomiels. Il se fabriquait autrefois à partir du miel de sarrasin, très présent en Bretagne, qui lui donnait sa couleur foncée et son goût prononcé. L'hydromel est obtenu à l'issue de la fermentation du miel dans l'eau. Cette fermentation peut être produite par des levures endogènes (présentes dans le miel) ou exogènes (que l'on y ajoute).

SABLÉ AU SARRASIN, POMMES GLACÉES AU CHOUCHEN, TUILES DE SARRASIN AU CIDRE

INGRÉDIENTS
Pour 4 personnes

95 g de farine de sarrasin
75 g de farine de blé
100 g de sucre glace
Beurre
1 pincée de sel
5 g de levure chimique
6 feuilles de gélatine
1 litre de lait
1 litre de crème fraiche
1 gousse de vanille
10 jaunes d'œufs
250 g de sucre en poudre
30 g de blancs d'œufs
3 belles pommes
25 cl de cidre
1 trait de chouchen

PRÉCAUTION
Manipuler avec précaution pour la fragilité des tuiles.

CONSEIL DU CHEF
Ajouter le blanc d'œuf en deux fois.

VARIANTE
La recette peut aussi se faire avec des poires, à déglacer alors avec du poiré.

La pâte sablée

Commencer par préparer la pâte sablée au sarrasin en mélangeant 75 g de farine de sarrasin, la farine de blé, 80 g de sucre glace, 160 g de beurre pommade, le sel et la levure chimique.

La crème vanille

Faire ramollir les feuilles de gélatine dans de l'eau froide puis les égoutter. Dans une casserole, faire bouillir 50 cl de lait, 50 cl de crème fraîche, la gousse de vanille et la gélatine. Dans un cul-de-poule, mélanger les jaunes d'oeufs, 150 g de sucre en poudre ; faire blanchir le mélange. Ajouter le mélange lait-crème bouillant, puis chinoiser. Verser la crème sur une plaque et laisser refroidir.

Les tuiles au sarrasin

Mélanger au batteur 25 g de beurre et le reste de sucre glace jusqu'à ce que le mélange blanchisse. Ajouter le blanc d'œuf et le reste de farine de sarrasin. Découper aux ciseaux un morceau de plastique pour faire un emporte-pièce dont l'intérieur aura la forme d'une pomme. À l'aide d'une spatule, le déposer sur une plaque et le remplir de pâte sablée. Faire plusieurs formes ainsi, puis les passer au four à 180 °C jusqu'à obtention d'une légère couleur dorée.

Les pommes caramélisées

Éplucher les pommes. Les pocher dans un sirop confectionné avec le cidre et 100 g de sucre. Les égoutter. Les faire revenir au beurre avec du sucre légèrement caramélisé, puis les déglacer avec le chouchen. Réserver.

Dressage

À l'aide d'un emporte-pièce de forme rectangulaire, découper des morceaux de pâte sablée cuite. Procéder de la même façon pour la crème vanille et la déposer sur le sablé. Ajouter des petites billes de pommes caramélisées.

LA POMME DE TERRE DE L'ÎLE DE BATZ

La pomme de terre est originaire de la cordillère des Andes, dans le sud-ouest de l'Amérique du Sud, où son utilisation remonte à environ 8 000 ans. Introduite en Europe vers la fin du XVIe siècle à la suite de la découverte de l'Amérique par les conquistadors espagnols, elle s'est rapidement diffusée dans le monde et est aujourd'hui cultivée dans plus de 150 pays sous pratiquement toutes les latitudes. Sur l'île de Batz, la terre de culture est fertilisée avec des algues ramassées en bord de mer et du guano. C'est l'un des seuls endroits où l'on a conservé cette tradition maraîchère, et ce mode de fertilisation totalement naturelle donne à la pomme de terre un goût unique.

« Cette île est très belle. Elle sent la pomme de terre et le fenouil. Elle sent la vie. »

JEAN-PIERRE CRAIGNOU est né là et finira sa vie là, sur l'île de Batz. Il amende sa terre modérément avec du fumier de cheval et du goémon et produit la pomme de terre starlette. Fine comme du sable, la terre fait un lit de douceur aux pommes de terre, qui prennent le temps de pousser à leur rythme : quinze jours à trois semaines après leurs consœurs qui ne sont pas issues de l'agriculture biologique. Le climat de Batz permet trois récoltes par an, dont une un mois plus tôt que sur le continent. Parfois pieds nus pour sentir la terre, parfois s'aidant de son cheval aux yeux bleus, Jean-Pierre aime son travail. Et les pommes de terre sortent du sol, nouvelles et parfaites.

L'OIGNON DE ROSCOFF

L'oignon de Roscoff est une AOC depuis 2009, attribuée à l'oignon qui pousse dans une zone délimitée du littoral nord du Finistère. Il s'agit d'une variété d'oignon rosé cuivré et d'un calibre moyen de 40 à 80 millimètres de diamètre. Depuis 2003, la ville de Roscoff organise chaque année en août, une « fête de l'oignon ».

PATRICK JEFFROY, restaurateur à Carantec livre à Gérard et Laurent sa recette pour les oignons de Roscoff avec de la moelle de bœuf : cuire longtemps au four les oignons avec de la moelle de bœuf et des blancs d'œufs…

Cuire longtemps au four les oignons avec de la moelle de bœuf et des blancs d'œufs… un régal !

LE PAIN DES MARINS OU PAIN DES ABERS

Pour MICHEL IZARD, la recette est simple : il faut de la farine de bonne qualité, de l'eau, et bien travailler son levain, qu'il réensemence avec de l'eau et de la farine deux fois par jour, pour éviter qu'il ne fermente davantage et ne meure. « C'est le miracle de la régénérescence », dit-il.
La cuisson est également très importante, car c'est elle qui permettra de protéger le pain de l'humidité par la croûte. Michel le cuira deux à trois fois, de façon à épaissir la croûte pour éviter l'échange hygrométrique entre l'air ambiant et la mie. Le four à bois est idéal et, pour Michel, c'est le symbole de son métier. Une humilité au quotidien, puisqu'il s'incline devant chaque jour... pour l'alimenter et enfourner correctement la pâte.

« On dit toujours que le vin ressemble à celui qui le fait. Le pain, c'est pareil. »

Michel a été cuisinier pendant quinze ans. Puis il est parti travailler sur des yachts privés, où il a fait du pain. Pour lui, il était important d'apporter une autre façon de faire, une autre pratique dictée par l'expérience qu'il avait. Michel fait le pain pour les marins qui partent au long cours. Il est aussi le conseiller de Pierre Gagnaire pour tous ses restaurants dans le monde.

LES ALGUES

Les algues sont les légumes de la mer, puisqu'il y en a 25 000 variétés dans le monde. La Bretagne en compte 800 ! Par leur richesse exceptionnelle en vitamines, oligoéléments, fibres, et leur teneur nulle en graisses et calories, les algues s'associent à un nombre incalculable de fabrications, allant du champagne aux semelles de chaussures… Mais surtout elles sauvent des enfants souffrant de malnutrition. Wakamé, kombu breton, kombu royal, haricot de mer, nori, dulse (la fameuse algue verte) ou laitue de mer, laurentia, salicorne… Certaines remplacent le poivre et sont excellentes avec un tartare de poisson. Elles ne poussent que par la photosynthèse et s'accrochent à la roche. Elles s'accommodent délicieusement avec des papillotes de saint-jacques ou en omelette, tourte, quiche, tarte, en les mixant finement.

« La conservation des algues : il faut les laver, les saler et elles se gardent toute la vie ! »

JEAN-MICHEL ROUALEC, agriculteur, et MICHEL COZ, mareyeur végétal, recensent les propriétés uniques des algues : 10 grammes d'algues contiennent autant d'iode que 11 kilos de cabillaud ; autant de fer que 1 kilos d'épinards ; autant de vitamine E que 100 grammes de carottes ; autant de vitamine D que 9 kilos d'abricots… Michel Coz fournit indirectement des tables parisiennes aussi exigeantes que celles du Ritz, du Fouquet's, du George-V, ou de Pierre Gagnaire, ainsi que de grands restaurants dans le monde, au Japon comme à Dubaï.

Les algues s'accommodent délicieusement avec des papillotes de saint-jacques ou en omelette, tourte, quiche, tarte, en les mixant finement.

LE BEURRE SALÉ

Locquénolé

Un peu d'histoire. Avant que le beurre salé ne soit typiquement breton, le roi de France Philippe VI de Valois, en 1343, généralise la gabelle (la taxe sur le sel). À cette époque, les procédés modernes de conservation étant inconnus, le sel de cuisine permet de conserver le beurre plus longtemps. Avec cet impôt, le sel devient une denrée de luxe que seules les familles riches peuvent s'offrir, et le beurre salé devient doux.

Mais, lorsque la Bretagne est rattachée au royaume de France, elle exige que ses privilèges restent inchangés et que la gabelle n'y soit pas appliquée au même taux. En Bretagne, la taxe s'élève à 2 à 3 livres pour 50 kilos de beurre, alors que dans le reste de la France elle est de 55 à 60 livres. C'est ainsi que le beurre est resté salé en Bretagne...

Aussitôt sorti du pis, le lait encore chaud est écrémé en douceur. De la crème, du sel et aucun ferment de laboratoire. La crème (10 % de l'ensemble de la cuve) va alors maturer trois jours au réfrigérateur et développer une acidité protectrice. Baratée lentement, elle perdra son petit-lait et de petits grains de beurre se formeront. Le beurre ainsi obtenu n'a plus qu'à être lavé à l'eau de source des monts d'Arrée puis séché et malaxé avec un sel d'exception. Le sel ne fait pas que conserver le beurre, il absorbe aussi l'humidité et c'est un exhausteur de goût fabuleux.

La quintessence du beurre, c'est donc le beurre salé !

À la ferme de Valentin Queguiner, le lait est le plus pur possible. David Akpamagho, producteur de beurre, explique en détail la façon de faire du beurre. Une fois produit, il se retrouvera dans les beurriers chez Lasserre et Michel Rostang.

Les chefs Patrick Jeffroy et Laurent Audiot servent le homard à l'américaine qu'ils ont préparé avec le savoir-faire qui les caractérise. C'est le banquet convivial où ils se plaisent à appeler Gérard « Obélix » !

*« À la Bretagne et à vous ! Yec'hed mat !**
La marée n'attend pas ! Je vais revenir
car des comme vous ça existera toujours…
le monde devient de plus en plus con
et grâce à vous les gens pourront retrouver
et transmettre les valeurs ! »

** À ta santé !*

LE CHÂTEAU DU TAUREAU DE L'ÎLE LOUET

Édifié au XVIe siècle, reconstruit par Vauban au XVIIIe, le château du Taureau, arrimé sur un îlot à l'entrée de la rivière de Morlaix, a, tour à tour, assumé des fonctions de forteresse défensive, de prison, de résidence secondaire puis d'école de voile, avant d'être abandonné au début des années 80.

« Quitter ses amis, quitter la Bretagne, quitter les légendes... Sur la Bretagne tout a été dit. Tout est vrai, tout est faux. Tourment, mythe et provocation. Tout à la fois : solitude et vacarme, jour et nuit, ombre et lumière, Dieu et Diable. »

PAYS BASQUE

DE BANCA À HENDAYE

« Le Pays basque, bien que coupé en deux, le nord en France et le sud en Espagne, exprime son caractère univoque dans le moindre souffle, dans chaque mot, chaque parole. Rarement une région aura laissé aussi peu de doute sur son identité. La langue basque est née avant le français et l'espagnol, et personne n'en connaît vraiment l'origine. Nous voici de nouveau sur les chemins, suivant les mélodies et les appétits, de Banca à Hendaye en passant par Itxassou ; une petite partie du Pays basque pour une grande aventure !

Ici, dans la vallée des Aldudes, entre chien et loup, les bergers basques peuvent presque toucher le ciel. Et le Soleil ; et la Lune ; ces deux sœurs : les filles de la Terre, selon les légendes. »

L'OSSAU-IRATY

Banca

De tradition ancienne, l'ossau-iraty était essentiellement mangé localement jusqu'en 1974. Puis la production a augmenté et il est, à présent, apprécié comme l'un des fromages les plus raffinés de France.

Pour sa fabrication, le lait est utilisé trois semaines après l'agnelage. La coagulation s'obtient avec 30 à 35 millilitres de présure pour 100 litres, à une température de 28 à 35 °C pendant la saison. Le caillé est brisé, brassé au fouet jusqu'à ce qu'il devienne laiteux, avant d'être réchauffé à 38-40 °C pendant trente minutes. Après égouttage, les grains fins du caillé sont assemblés et la masse est divisée en portions pour la mise en moules perforés. Le caillé est alors pressé pendant deux à trois heures.

Sa pâte délicate et claire délivre une saveur noisetée, subtile, légèrement piquante, et son goût varie selon la saison. Il est recommandé de le déguster avec un peu de confiture de cerises.

Déguster l'ossau-iraty avec de la confiture de cerises permet d'en exacerber la saveur.

JEAN-MICHEL OREGUY a 300 brebis. Elles restent groupées et se reconnaissent par l'odeur et au son de leurs cloches, mais une marque de peinture leur est tout de même apposée, pour les reconnaître. La traite manuelle du troupeau, deux fois par jour, prend deux à trois heures. Le fromage se fait immédiatement après la traite et se constitue en tommes de 1,2 ou 1,3 kg. Le meilleur mode de dégustation est de le couper en fines lamelles.

LA TRUITE DE BANCA

Chez FRANÇOIS JUANICOTENA, truiticulteur, aucun antibiotique n'est utilisé pour l'élevage. En 1670, un barrage a été édifié pour faire un moulin et un canal. La morphologie de la montagne a été gardée. Ainsi l'oxygénation par escaliers est naturelle. Le fonctionnement d'un débit de 100 litres par seconde d'eau ne permet pas de garder plus de 10 tonnes de poisson. À 300 litres par seconde, ce sont 30 tonnes maximum. Ce qui limite la production. Connaître le débit d'eau est une information importante : s'il y a plus de truites que le débit de l'eau ne le permet, c'est que ce n'est pas une oxygénation naturelle.

Peïo Goicoetchea, truiticulteur, prépare aussi les truites. En carpaccio ou fumées, avec du citron, de l'aneth et une bonne huile d'olive.

Il est important de contrôler en permanence les bassins, car si le niveau d'eau monte cela peut entraîner la disparition de l'élevage. Chaque truite a besoin d'un certain niveau de CO^2 dans l'eau pour pouvoir se développer. À la ferme de François, il n'y a pas de machine pour gérer cela, seulement la connaissance de la nature.

LE CHANT BASQUE

Comme partout au Pays basque, les hommes chantent. Le « versoulari » est une spécificité basque : un thème est choisi par le groupe des chanteurs et l'un d'eux entonne un chant qui correspond au thème. C'est l'art de l'improvisation. On appelle d'ailleurs les chanteurs des « improvisateurs ».

LE KINTOA

Vallée des Aldudes

Au XIIIe siècle, le terme kintoa désignait un impôt sur le porc. Il était prélevé par le roi de Navarre pour que les paysans puissent traverser leur montagne. Aujourd'hui, le kintoa est un cochon : le porc de race basque. Presque disparu il y a quelques années, le kintoa a ressuscité grâce à la force de la nature et à la passion de quelques hommes.

La châtaigne est la base de l'alimentation du kintoa.

« À ce Pays basque et à tous ces Basques qui savent voyager, qui savent aimer, et qui savent se reconnaître dans le monde entier ! »

Les porcs de JEAN-MARIE OÇAFRAIN sont des rescapés… Dans les années 80, il n'en restait plus que vingt-cinq. Comme cette race est moins productive que les races anglaises, la politique agricole des années 60 a été d'en choisir d'autres. Mais à présent, le cheptel de Jean-Marie compte 70 cochons, qui pèsent entre 160 et 170 kilos. Chez lui, ils sont dans un environnement harmonieux, avec des châtaigniers dont ils se nourriront pendant deux à trois mois. Il faut douze mois d'élevage et que l'animal fasse 100 kilos au moins avant de l'abattre. Jean-Marie fait du boudin, du pâté, du fromage de tête, des oreilles en vinaigrette. C'est la qualité de la viande du porc basque qui a fait la renommée des produits d'appellation Kintoa. La pièce la plus noble, le jambon, est séchée et affinée à l'air libre pour profiter de l'alternance des vents chauds du sud avec les courants d'air marin de l'océan pendant plus d'une année.

Le piment d'Espelette est le plus demandé sur le marché. Cent producteurs se sont regroupés sous la charte « Edoqui », qui respecte les principes traditionnels (taille, préservation des espèces et variétés), se donnant pour mission de faire redécouvrir les produits locaux.

LE PIMENT D'ESPELETTE

Le piment, originaire d'Amérique du Sud, est arrivé au Pays basque car il y avait beaucoup de Basques sur les bateaux espagnols. Il y a différentes sortes de piments : le guernica, le guimdilla d'Ibarra, le piquillo, et le piment d'Espelette. Ce dernier correspond à un assaisonnement de poivre noir et est utilisé dans toute la cuisine basque. Il y a quarante ans, il en restait très peu de pieds, mais maintenant, c'est le plus connu. Peu piquant, il est très bien toléré par ceux qui ont une digestion difficile. Il présente un équilibre entre une saveur torréfiée, de foin et fruitée. Après la récolte, il faut le laisser sécher à l'air libre, puis le passer au four dans un deuxième temps, pour le déshydrater complètement. En fin de traitement, on procède au broyage en poudre pour agrémenter les sauces. Le piment d'Espelette se trouve également sous forme de purée, conserve, marinade, gelée qui relève les tartines de pain grillé au foie gras.

Le piment d'Espelette se trouve également sous forme de purée, conserve, marinade, gelée qui relève les tartines de pain grillé au foie gras.

KOKOTXAS DE CASTELU ZAHAR

INGRÉDIENTS
Pour 4 personnes

2 douzaines de kokotxas (joues de merlu)
4 gousses d'ail
1 verre d'huile d'olive
Un peu de persil plat
Piment d'Espelette en poudre

Faire confire les gousses d'aïl en chemise dans l'huile d'olive. Réserver.

Dans un plat en terre posé sur un petit feu, déposer les kokotxas. Ajouter l'huile d'olive aromatisée à l'aïl.

Cuire doucement à feu doux sans arrêter de remuer le plat pendant 4 à 5 min. Le jus épaissit naturellement et devient onctueux.

Parsemer de persil plat ciselé. Saupoudrer généreusement de piment d'Espelette.
Servir aussitôt.

Les kokotxas sont les parties inférieures de la mâchoire, ou double menton, des gros merlus de ligne du Pays basque.

KOKOTXAS

Les chefs se plaisent à cuisiner les kokotxas avec de l'huile d'olive, de l'ail et du persil. Une variante avec de la morue consiste à la faire cuire dans du lait pendant 5 min (après dessalage vingt-quatre heures avant), à la manière du haddock ou autre poisson fumé. Puis de la caraméliser avec un peu d'huile d'olive et du beurre sur toutes les faces.

LE VIN D'IROULEGUY

MICHEL RIOUSPEYROUS fait visiter à Gérard et Laurent son domaine d'Arretxea-Irouleguy. C'est l'un des plus petits vignobles de France, le seul du Pays basque français, formé d'une mosaïque de terroirs sur un fond de grès micasés, de schistes anciens et d'ophites. Les vignes d'Arretxea sont conduites, depuis le premier jour, en culture bio certifiée et en biodynamique. Aucune chimie, mais des décoctions de plantes, des préparats de corne et de silice, et le respect des cycles et des équilibres naturels.

En altitude, les vignes de cabernet franc attendent les visiteurs. Il faut être vigilants car la pente est abrupte, et vendanger — Michel le confirme — est un exercice périlleux.

Ici, le climat de l'année est « le père du vin ». Si l'année est chaude ou humide, la géochimie de ce même terroir ne sera pas la même. Et ce ne seront pas les mêmes oligoéléments qui seront libérés, ni les mêmes arômes ou acides. C'est pour cela que le vin est toujours millésimé, car les effets climatiques de l'année feront que les goûts seront différents. Pour voir si le raisin est sucré, on n'en goûte que la peau afin de juger si les tanins sont fermes, ce qui fera un vin de garde en barrique. Si la peau n'est pas encore aboutie, on fera un vin sur le fruit.

Le domaine a 24 hectares en production, avec 10 producteurs indépendants. Une coopérative représente les deux tiers de la production. Après la récolte, on pratique un tri pour enlever les bouts de rafle, puis le raisin est poussé par une pompe dans une cuve. Il fermente et les levures transforment le sucre en alcool. La fermentation dure à peu près trois semaines, puis le vin est écoulé, les peaux qu'il contient sont retirées, et le tout est pressé. En décembre et janvier, Michel et son épouse procéderont aux assemblages.

« La première langue de tous ceux que j'ai rencontrés ici, c'est le basque. »

Michel était enseignant dans une ONG au Sénégal avec des éleveurs peuls. Sa femme Thérèse, éducatrice. Ils ont changé de métier pour revenir à la terre familiale, au Pays basque, et ils ont tout planté. Il n'y avait plus de vigne.

MERLU AUX PALOURDES ET AUX PETITS POIS FRAIS

INGRÉDIENTS
Pour 4 personnes

1 merlu
Un peu de farine
1 cuillerée à soupe d'huile d'olive
1 gousse d'ail
1 demi-verre de vin blanc sec du Pays basque
50 g de petits pois
100 g de palourdes
1 pincée de piment d'Espelette
1 noix de beurre
Un peu de sarriette fraîche
Quelques tranches de cochon noir de Bigorre séché

Le merlu

Écailler un beau merlu de ligne de Saint-Jean-de-Luz. Le lever en filets puis le détailler en morceaux. Le fariner avant de le poêler dans l'huile d'olive.

Ajouter la gousse d'ail ciselée, le vin blanc sec du Pays basque, les petits pois, les palourdes et le piment d'Espelette.

Terminer la cuisson à couvert pendant 1 à 2 min.

Rectifier l'assaisonnement. Lier légèrement avec le beurre.

Dressage

Disposer dans les assiettes décorées avec un peu de sarriette fraîche. Ajouter les fines tranches de cochon noir de Bigorre séché.

VARIANTE
On peut faire cette recette en associant fèves et petits pois.

LE CHIPIRON

Seiche de la côte basque, appelé aussi « petit calamar » ou « encornet », un chipiron pèse entre 80 et 500 grammes. Il se pêche à la « turlute » : un leurre hérissé d'une double couronne d'hameçons, traîné de manière à imiter la nage des petits crustacés. Il ne s'exporte pas mais est venu localement. Il est très goûteux lorsqu'il est cuisiné dans son encre. On le fait revenir avec de l'oignon dans l'huile d'olive. Dès que tout cela a sué, on met du poivre et du sel (uniquement à la fin) avec du piment d'Espelette. On lie l'encre à part avec de l'eau et on laisse réduire à feu doux.

« Une des bases de la cuisine, c'est la sauce, le fond. Un fond que parfois j'atteins. Alors, quand les grands mangeurs comme moi dépriment, ils cuisinent. Avec mon ami Laurent, je cherche à tirer profit du produit, je l'explore. Cuisiner doit être une aventure. Parfois fatigante. Il faut alors disparaître et reprendre des forces. »

Le chipiron est très goûteux lorsqu'il est cuisiné dans son encre. On le fait revenir avec de l'oignon dans l'huile d'olive. Dès que tout cela a sué, on met du poivre et du sel (uniquement à la fin) avec du piment d'Espelette. On lie l'encre à part avec de l'eau et on laisse réduire à feu doux.

CATALOGNE

DE BARCELONE AU DELTA DE L'ÈBRE

« Lorsque le vermouth remplace le sang et que la peau des tomates éclate sous l'effet du soleil, la Catalogne n'est pas loin. Une région française et espagnole, mais surtout catalane. Et ces Catalans me plaisent. Beaucoup. Les oignons calçots, les escargots, les tomates, les anguilles, les gambas, le riz ou les haricots crochets. Je les aime et lorsque je suis loin de ces produits, ils me manquent. Alors, avec Laurent, nous sommes allés faire notre marché et rencontrer des Catalans, ici à Barcelone, ou dans les champs ouvriers du Gallec, dans les montagnes de la Calma, dans les eaux profondes de Palamos, ou traversant le delta de l'Èbre. Ici, en Catalogne, où je me sens bien et où j'ai faim. »

LE RIZ CATALAN

Delta de l'Èbre

Dans le delta de l'Èbre, où les anguilles, les flamants roses et quelques Catalans habitent, c'est surtout le riz que l'on cultive ; la production remonte à 1865. Pendant des milliers d'années, ce n'était qu'une grande étendue d'eau salée. Avec la construction des canaux, il y a 150 ans, l'eau est devenue douce. Tout l'environnement a changé et est, à présent, très riche en biodiversité grâce à cette eau douce. La faune y est très diversifiée avec de nombreuses espèces d'oiseaux et de poissons.

IGNASI RIPOLL, biologiste, raconte que les Catalans aiment les rizières pour cette diversité, parce que l'eau douce fait vivre le système du delta et que tout y est naturel. Dans la réserve biologique, la production est d'environ 100 à 150 tonnes de riz par an, et sur la rizière où se trouvent Gérard et Laurent, sans machines et sans produits chimiques, la production est de 1 tonne. Le riz est cassé, fractionné, pour que les saveurs de la cuisine méditerranéenne puissent le pénétrer lors des cuissons. Cette bionourriture est une réussite : elle parvient à rendre heureux les êtres humains en créant du bonheur et de bons aliments tout en respectant la biodiversité.

Dans le delta, en plus de repiquer le riz, on pêche aussi les anguilles. Pepe Fabra explique qu'elles parcourent plus de 6 000 kilomètres : lorsque vient l'heure de la reproduction, elles rejoignent l'Atlantique, et le traversent de la Catalogne jusqu'à la mer des Sargasses, dans les Caraïbes. Là, elles pondent, et les larves font le chemin inverse vers le delta de l'Èbre, donnant naissance aux pibales, les petites anguilles. Une odyssée qui fascine et un mets qui se déguste avec plaisir.

« La terre, la mer et le soleil. La recette de la vie idéale pour qu'apparaissent les produits qui finiront dans les casseroles. Ici, la cuisine est méditerranéenne, au carrefour de toutes les influences : arabes, juives, romaines... La viande et le poisson se connaissent bien, se rencontrent et, souvent, se marient. Alors avec Laurent, grand prêtre cuisinier, je célèbre la messe dans une mer qui m'apaise. Car j'aime nager, porté par le sel et les courants, et retrouver une apesanteur oubliée. »

LES ESCARGOTS BOVÉ

En Catalogne, on cuit les escargots sur le feu. Ce sont des escargots de montagne, de la variété locale bové. Ils sont bruns et très charnus. Leur jeûne est de dix jours, et ils sont bien nettoyés pour être très propres et bien purgés. Les œufs sont aussi fameux, aussi goûteux que du caviar. Les escargots pondent huit jours après la fécondation, environ 180 œufs.

Pour les cuisiner, après une mise à l'eau froide et une ébullition crescendo (ce qui fera sortir l'escargot de sa coquille), l'eau est changée avant une deuxième ébullition, qui dure une heure environ. Tous les ingrédients qui accompagnent la cuisson doivent être naturels et de saison : une tomate rosa de la Garriga (variété ancienne), du poivron rouge, de l'oignon de Vic, de l'ail, du sel et du poivre. Avec de l'huile d'olive, qui sera le fil conducteur du plat : elle reliera l'escargot, les légumes et les tomates, et donnera une touche finale au plat.

La cuisson des escargots sur le feu, à la catalane, s'appelle une « cargolade ». Le suffixe « ade » qualifie ce que l'on partage et que l'on mange ensemble. Comme la croustillade, la pierrade…

LA SAUCE CATALANE

La tomate est l'aliment de base en Catalogne. Elle entre dans la composition de la fameuse sauce catalane, appelée aussi « souflegite » : après avoir fait revenir l'oignon dans l'huile d'olive, on ajoute la tomate ainsi que des poivrons et de l'ail, qui cuisent jusqu'à réduction complète, de façon à donner un aspect confit.

LES HARICOTS CROCHETS

Gallecs

Les haricots crochets, spécifiques de la Catalogne, ne sont cultivés que dans quatre régions : le Bayes oriental, le Bayes occidental, le Maresme, et une partie de la Selva. Ils se plantent en juillet, par paquets de trois ou quatre haricots, à un ou deux pas d'écart, et on les recouvre d'un peu de terre. Ils doivent être très arrosés pour pouvoir germer, puis la fréquence des arrosages ira en diminuant afin que les plants puissent fleurir. Les haricots apparaîtront en septembre et seront récoltés en novembre.

En une rangée, RAÜL MOLIST, l'un des producteurs catalans, fait environ 60 kilos de haricots crochets. Sur une année bien productive, il en récoltera 1 500 kilos. Pour une année moins importante, ce seront 800 kilos.

Son père, SIDRU, les trie un par un à la main. Il ne garde ni la première ni la dernière graine de chaque cosse, les estimant moins bonnes que celles du milieu. Il nous livre la meilleure façon de les cuire : après les avoir laissés tremper une nuit entière, les mettre dans l'eau froide, à feu doux, pour que la cuisson soit progressive et qu'ils n'éclatent pas. Ils cuiront ainsi presque sans bouillir pendant quarante à quarante-cinq minutes. Ils doivent fondre en bouche lorsqu'ils sont consommés.

La meilleure façon de cuire les haricots crochets est de les laisser tremper une nuit entière puis de les mettre dans l'eau froide, à feu doux, pour que la cuisson soit progressive et que les haricots n'éclatent pas.

Les champs de haricots crochets de Gallecs vus du ciel sont reconnaissables à leur plantation régulière tous les 50 centimètres et leurs rames entrecroisées pour les tuteurer.

SOUPE GLACÉE DE HARICOTS CROCHETS AVEC CREVETTES DE PALAMOS

INGRÉDIENTS
Pour 4 personnes

1 carotte
1 oignon
1 branche de céleri
Huile d'olive
2 gousses d'ail
250 g de haricots crochets
1 litre de bouillon de volaille
1 bouquet garni
1 cuillerée à soupe de vinaigre de Xérès
1 pincée de paprika
12 crevettes crues de Palamos
Quelques tomates confites
Quelques feuilles d'arroche

La soupe

Peler la carotte et l'oignon, parer la branche de céleri. Les couper en dés et les faire revenir avec 1 cuillerée à soupe d'huile d'olive.

Ajouter les gousses d'ail et les haricots crochets préalablement trempés toute une nuit dans l'eau froide.

Mouiller avec le bouillon de volaille. Ajouter le bouquet garni.
Cuire 1 à 2 h à feu doux. Saler et poivrer à mi-cuisson.

Goûter les haricots, qui doivent être cuits.

Ajouter le vinaigre de Xérès, 2 cl d'huile d'olive et le paprika.

Retirer le bouquet garni. Mixer le tout jusqu'à obtention d'une consistance sirupeuse. Passer au chinois et réserver au frais.

Les crevettes

Décortiquer les crevettes. Les cuire légèrement à la vapeur.

Dressage

Disposer une louche de soupe dans chaque assiette creuse. Positionner harmonieusement les crevettes et quelques tomates confites à l'huile d'olive. Arroser d'un trait d'huile d'olive. Décorer des feuilles d'arroche.

TOMATES CONFITES

Peler les tomates fraîches, les couper en quartiers réguliers. Les confire à 100 °C au four pendant 6 h, en ayant pris soin de les badigeonner avec une bonne huile d'olive.

LA CREVETTE DE PALAMOS

À Palamos, il y a une trentaine de bateaux de pêche, dont douze pour la crevette. Les pêcheurs partent à 7 heures du matin à 20 kilomètres pour trouver cette crevette de couleur rouge vif, à la chair si savoureuse. Sa couleur, translucide dans l'eau, vient d'une pêche verticale qui la remonte de 800 à 1 200 mètres, sans paliers de décompression. S'il y a 48 à 50 crevettes par kilo, c'est qu'elles sont pêchées à la bonne taille. La meilleure époque de pêche se situe entre juin et août. En janvier, février, mars, c'est le moment de la reproduction, et la pêche s'interrompt. Ces crevettes doivent être très peu cuites, de façon à ce que la chair garde toute sa fraîcheur. Elles peuvent aussi se manger crues.

Sur le bateau en direction de la criée de Palamos, le mareyeur Gérard Obiol explique à Gérard et Laurent qu'on y trouve bien sûr des crevettes, mais également des poulpes, des calamars, des poissons de toutes sortes. Les acheteurs appuient sur un boîtier quand le prix annoncé leur convient. Le pêcheur reverse 4 % de sa vente pour le service de la criée. Il y a également des acheteurs sur Internet.

LES POULETS DU PRAT

Baix Llobregat

La seule race de volailles de Catalogne et de toute l'Espagne, est celle des poulets du Prat (AOC Pota Blava), ce qui en fait un produit très coté. Prat est une ville située près de Barcelone, dans le canton du Baix Llobregat. Ce poulet était surtout très demandé à Noël, mais à présent les restaurants en veulent toute l'année, pour sa chair moelleuse et non grasse. Il a une crête rouge et des pattes bleu-gris et doit être élevé au moins pendant trois mois, et faire entre 3 et 4 kilos avant d'être voué à la consommation. Les poulets du Prat se nourrissent pour 80 % de céréales, du maïs principalement, ce qui leur donne un goût prononcé — proche du gibier — et une chair jaune.

Ils s'accommodent très bien selon la tradition de cuisine sucrée-salée catalane qui perdure depuis le Moyen Âge. Ici, les fruits s'allient parfaitement avec les volailles ou le gibier : poulet aux pêches, lapin aux pruneaux. Mais ce qui est excellent par-dessus tout, c'est l'alliance de bâtons de cannelle et de quartiers de poire verte qui confiront avec le poulet qui mijote à feu doux, et que cuisine IGNASI MARTINEZ.

« Les régimes, je crois que ce n'est pas pour moi. Je suis contre la privation. Je ne suis pas Gandhi. Je crois que je ne pourrais pas manger comme lui, chaque jour : 90 grammes de blé, 90 grammes de verdure pilée, 90 grammes d'amandes, 6 citrons, 60 grammes de miel… Il m'arrive de manger un peu plus… »

Ce qui est excellent par-dessus tout, c'est l'alliance de bâtons de cannelle et de quartiers de poire verte qui confiront avec le poulet qui mijote à feu doux.

AÏOLI DE MORUE À LA CATALANE

INGRÉDIENTS
Pour 4 personnes

1 filet de morue
50 cl d'eau
50 cl de lait
1 tête d'ail
Huile d'olive
Légumes au choix
1 œuf dur
Quelques bulots

PRÉCAUTION
L'aïoli peut se préparer avec moitié d'huile d'olive et moitié d'huile d'arachide, pour ceux qui ont des difficultés à digérer l'huile d'olive.

La morue

Désaler le filet de morue environ 12 h, en changeant l'eau 3 ou 4 fois. L'égoutter.

Le tailler en morceaux puis le mettre à cuire dans l'eau mélangée au lait. Cuire à couvert à petits frémissements pendant 2 à 3 min.

Égoutter, réserver.

L'aïoli

Cuire la tête d'ail au four à 180 °C pendant environ 30 min. Peler les gousses puis les réduire en purée. Saler, poivrer, puis monter l'aïoli comme une mayonnaise avec environ 30 cl d'huile d'olive.

Les légumes

Cuire séparément dans une grande quantité d'eau salée les légumes de saison qui accompagneront votre aïoli : des fèves, des petits pois, des carottes, des betteraves, des pommes de terre, des haricots verts, des artichauts, des navets nouveaux, des poivrons, des asperges, du fenouil... Tous les légumes sont les bienvenus.

Dressage

Disposer la morue dans un grand plat creux. Ajouter les légumes, l'œuf dur, les bulots et un trait d'huile d'olive. Servir l'aïoli à part.

CONSEIL DU CHEF
Garder les légumes croquants de façon à pouvoir les réchauffer une fois mélangés.

ASTUCE DU CHEF
Pour la cuisson des bulots, afin de garder toute leur saveur, ne saler l'eau qu'à mi-cuisson.

PORTUGAL

DE PORTO À LISBONNE

« J'admire les explorateurs comme Christophe Colomb ou le Portugais Vasco de Gama et surtout Magellan, qui a découvert le Pacifique et dont les voyages autour du monde furent l'une des clés de l'éclat du Portugal. Un petit pays mais d'une importance centrale. Un ancien empire qui fit découvrir tant et tant de produits culinaires et d'épices ; des produits qui chantent aux oreilles. Le péri-péri, le piment rouge ; le bacalao, la morue aussi appelée cabillaud sous d'autres latitudes, ou des pasteïs de nata, les flans tièdes ; ou la charcuterie, les sardines, le vin aussi... En compagnie de Laurent, de Porto à Aguada de Cima, de Tentúgal à Lisbonne en passant par Tróia, nous partons à la découverte de cette cuisine rustique, vraie, de la terre à la mer ; une cuisine du souvenir, de l'enfance. »

« Le marché est ma caverne d'Ali Baba, mon coffre à jouets. J'aime les marchés. On y trouve tout, tout ce qu'on cherche et le reste : les surprises, les rencontres. On dit qu'il faut faire ses courses le ventre plein pour ne pas succomber à la tentation. Mais, même repu, je cède, avec délectation. Les choux, épinards, pignons, kakis, saucissons, pommes de terre, poissons, viandes, pains de maïs, tomates, olives, haricots, fromages, coings et tripes, ces estomacs qui vont remplir le mien. Le marché de Bolhão à Porto date du XVIIIe siècle. »

LES TRIPES DE PORTO

Les tripes peuvent être préparées avec l'estomac de n'importe quel ruminant. Ici à Porto, elles constituaient un plat populaire bon marché et nutritif des classes ouvrières. En 1415, sous l'égide d'Henri le Navigateur, alors que les grandes expéditions guerrières monopolisent les vivres et la viande pour les soldats, il ne reste aux habitants de Porto que les abats, les tripes. Qu'à cela ne tienne : ils inventeront une merveilleuse façon de les cuisiner. Elles deviendront le symbole de la ville de Porto, dont on appellera les habitants « les tripeiros » : consommateurs de tripes à la mode de Porto.

Au cœur du marché de Bolhão, le tripier Arnaldo Lopes présente à Gérard et Laurent ses produits qui seront ensuite cuisinés à la mode de Porto, tradition vieille de 600 ans.

Pour réaliser les tripes à la mode de Porto, il faut de la panse et de l'estomac de bœuf, du pied de génisse, de la poitrine fumée, du salpicon (chorizo portugais au paprika) et de la morcela (boudin noir avec des morceaux de viande et du sang). Après les avoir fait bouillir plusieurs fois pour enlever l'odeur, la dernière cuisson dure deux heures à la cocotte.

LE VIN DE PORTO

Au temps de Colbert, ministre de Louis XIV, les vins français ont été taxés. Les Portugais se sont alors retrouvés avec une très grande demande, et le porto produit dans la région du haut Douro est devenu la première appellation contrôlée au monde. Le vin de Porto vieillit dans des fûts de 530 litres qui étaient utilisés auparavant pour l'exporter par gabarres, des bateaux en partance pour la France ou l'Angleterre. Les fûts étaient transportés jusqu'à Vila Nova de Gaia, où se trouvaient les principales sociétés de vente de porto.

C'est un vin de très longue garde qui doit être décanté avant d'être servi chambré. Subissant une oxydation particulièrement rapide, il doit généralement être consommé dans les vingt-quatre heures qui suivent son débouchage.

Luis Sottomayor, œnologue, fait des vins d'assemblage de différents millésimes de 20 à 50 ans d'âge.

« Ce qu'il y a d'étonnant dans les caves, c'est le silence. On a l'impression que l'on entend la fermentation. C'est magique ! »

LE POULPE

Tróia

La rencontre du poulpe se fait avec CARLOS MOTA, pêcheur, à Troïa. Le poulpe mange des fruits de mer, des araignées, des étrilles, des couteaux. C'est un animal très intelligent, capable de déduire, mémoriser, apprendre, et qui possède deux cœurs. Pour qu'il soit plus tendre à la consommation, Carlos le cuit dans la bière : environ 1 litre de bière pour un poulpe de 2 kilos.

Pêcher le poulpe n'est pas chose aisée. Refoulant l'eau de mer par un siphon, l'animal peut se propulser pour échapper à ses poursuivants en lâchant plusieurs nuages d'encre. C'est en apnée que les pêcheurs portugais l'attrapent.

« Un dicton portugais dit que Braga prie, Coimbra étudie, Porto travaille et Lisbonne s'amuse. C'est pour cela que je suis un citoyen sans attache pour ne pas choisir entre la prière, le travail, les études et l'amusement. À l'horizon de la ville aux sept collines, j'ai encore disparu. Cela m'arrive parfois. Je me cache. Je me sens bien avec Laurent, et pourtant je veux être seul un moment. Je suis attiré par l'obscurité, et pourtant j'aime la lumière. Je regarde, j'observe du haut de la colline, je vois mes amis qui déambulent et qui se rencontrent. »

Hélder Chagas, restaurateur, cuisine le poulpe grillé au feu de bois, puis avec de l'huile d'olive, de l'ail, de la coriandre, du poivre et des pommes de terre nouvelles. Servi avec du riz mouillé, c'est un régal !

SALADE DE POULPE AUX POMMES DE TERRE ROSES

INGRÉDIENTS
Pour 4 personnes

1 poulpe
3 belles pommes de terre nouvelles
Vinaigrette à l'huile d'olive
1 oignon rouge
Quelques feuilles de basilic

Pour le court-bouillon :
2 carottes
2 oignons
1 poireau
1 bouquet garni
1 cuillerée à café de sel

Le poulpe

Nettoyer le poulpe. Retirer les yeux et le bec, et le faire dégorger à l'eau courante. L'égoutter puis le mettre au congélateur pendant 2 h. Cette opération lui permet d'être plus tendre.

Tailler les tentacules et le corps en tronçons de la même longueur. Les cuire à couvert à feu doux dans un court-bouillon avec les carottes, les oignons et le poireau en rondelles, ainsi que le bouquet garni pendant au moins 1 h.

Les pommes de terre

Cuire les pommes de terre nouvelles en robe des champs, dans de l'eau salée. Les égoutter et les éplucher. Les couper en tranches régulières. Les assaisonner avec la vinaigrette à l'huile d'olive.

Dressage

Disposer dans chaque assiette 5 à 6 tranches de pomme de terre, des morceaux de poulpe assaisonnés, quelques rondelles d'oignon rouge et du basilic.

CONSEIL DU CHEF

Pour réussir un poulpe, il faut respecter trois étapes :

1. Le mettre au congélateur pendant 2 h pour attendrir la chair.
2. Respecter la cuisson car un manque de cuisson le durcit à l'excès et trop de cuisson défait la chair.
3. Ne saler qu'à mi-cuisson.

COURT-BOUILLON

Comme pour un court-bouillon classique, mettre à bouillir dans une grande casserole d'eau les oignons, les carottes, le bouquet garni et le poireau. Bien poivrer et ne mettre le sel qu'aux trois quarts de la cuisson.

LES COUTEAUX

TÓNI VIEGAS met du sel dans les deux petits conduits que l'on voit sur le sable pour faire remonter les couteaux, enfouis entre 40 et 50 centimètres de profondeur. Chaque pêche, pratiquée au moment de la grande marée, lui ramène 7 à 8 kilos de couteaux. La recette locale traditionnelle est de les faire sauter avec huile d'olive, ail, coriandre, poivre, et un filet de vin blanc.

LA MORUE

La morue est une spécialité portugaise qui s'accommode de centaines de manières, et différemment selon les régions du Portugal. C'est un poisson qui a des vertus nutritives exceptionnelles : riche en protéines, en vitamine B et en calcium elle est aussi pauvre en lipides et en glucides. Pour la cuisiner, il faut avant tout la désaler par trempage pendant — plus ou moins — trois jours. Dans le nord du Portugal, elle se cuisine avec des pommes de terre, du chou et des carottes.

Dans le nord du Portugal, on cuisine la morue avec des pommes de terre, du chou et des carottes.

FRICASSÉE DE COUTEAUX À L'AIL ET À LA CORIANDRE

INGRÉDIENTS
Pour 4 personnes

24 couteaux
1 cuillerée à soupe d'huile d'olive
1 grosse échalote
1 verre de vin blanc sec
Quelques feuilles de coriandre
Un peu de piment moulu

Faire dégorger les couteaux 1 à 2 h dans de l'eau fortement salée.

Les nettoyer ensuite soigneusement sous l'eau froide afin d'éliminer le sable, puis les sécher et les réserver.

Faire chauffer l'huile d'olive dans une poêle. Y ajouter les couteaux entiers. Les saisir vivement. Ajouter l'échalote ciselée.

Déglacer avec le vin blanc sec. Couvrir et faire bouillir jusqu'à ce que les couteaux soient ouverts.

Ajouter les feuilles de coriandre ciselées. Saler, poivrer. Assaisonner d'un peu de piment moulu. Mélanger délicatement et servir aussitôt.

Le couteau, coquillage qui se développe de façon importante de la Méditerranée à la mer du Nord, constitue une base alimentaire de premier ordre pour bon nombre de poissons (bars, merlans, anguilles...) Avec son pied-muscle, il s'enfonce jusqu'à 1 mètre en profondeur et sa présence est détectable par le petit cratère qu'il laisse en surface du sable.

LE COCHON DE LAIT

Aguada de Cima

Le respect du travail est aussi important que l'amour de l'innocence et de l'improvisation. L'homme est ainsi fait, un mélange de précision et de folie. Ici au Portugal, la cuisine se réserve le même sort. Les produits sont chéris, choyés, préservés pour qu'ils donnent le meilleur, comme ces petits cochons de lait. Ils sont naturellement propres ; ils sont intelligents et sociables mais, comme tout se mange dans le cochon, il faut bien les sacrifier avec honneur et amour.

Les cochonnets de lait sont de jeunes porcelets de moins de 15 kilos qui n'ont été élevés qu'au lait de leur mère. Dès le début du sevrage, ils mangent du blé, du maïs, des châtaignes cuites, mais aussi des pommes de terre. Abattu à 6 semaines et cuit entier, le cochon sera, avant d'être rôti, rempli d'une farce sans viande, composée uniquement d'ail, de poivre et d'une cuillerée à soupe de saindoux, ce qui forme une crème. La peau doit croustiller et être très dorée par le choc thermique à four très chaud.

Avant d'être rôti entier, le cochon de lait est garni d'une farce composée d'ail, de poivre et d'une cuillerée à soupe de saindoux.

LA SOUPE PORTUGAISE

Aguada de Cima

La soupe est une grande spécialité du pays. Consommée froide (gaspacho, picada), elle est également très variée en consommation chaude (navet, choux, épinards) et a une consistance plus ou moins épaisse, de type purée. À Aguada de Cima, Gérard et Laurent rencontrent MARGARIDA NEVES, cultivatrice, qui ramasse des feuilles de navet dans son potager pour faire la soupe traditionnelle de la région. Elle cuisine ses feuilles de navet avec de l'huile d'olive, des oignons, de l'ail, des pommes de terre, et le tout cuit dans le porc. Elle accommode le reste du navet de différentes façons.

« Chez moi, on mangeait de la viande une fois par semaine. C'était quand les allocations arrivaient, et j'allais chercher de la viande de cheval parce que c'était moins cher. »

Alfeu Magalhães est producteur de châtaignes. Les châtaigniers vivent 800 ans. Alfeu utilise les châtaignes fraîches, rôties, ou encore en farine pour faire du pain. La région étant pauvre, la tradition était de faire sécher les châtaignes. Ainsi déshydratées, elles étaient un parfait complément à la soupe, qu'elles rendaient sucrée.

LE PASTEL DE TENTÚGAL

Le pastel de Tentúgal, confectionné par les religieuses du carmel de Tentúgal depuis le XVIe siècle, provient d'échanges entre la population et le couvent : contre un don d'œufs ou de sucre, les habitants venaient chercher de l'argent et de la nourriture. Les religieuses faisaient la charité et assistaient à la messe sans se faire voir, en venant à l'office par un passage secret. Avec ce gâteau, elles aidaient la population la plus démunie. Ainsi, tous les habitants de la région sont encore très attachés à ce couvent aujourd'hui. Les 293 religieuses qui l'ont occupé sont enterrées dans le chœur inférieur.

La pâtissière pique les bulles d'air de la pâte faite avec de la farine et de l'eau. C'est de la fleur de farine. La pâte doit devenir très mince, d'une épaisseur de 0,05 mm. Elle est étirée sur une surface de 30 mètres carrés, de façon très spectaculaire et sensuelle, avec une gestuelle digne d'un ballet contemporain. La garniture des gâteaux est composée de jaune d'œuf battu avec du sucre, et souvent saupoudrée d'amandes effilées.

Le pastel fabriqué dans le couvent de Tentúgal est une affaire de femmes. Les religieuses fabriquaient patiemment ce gâteau – dont la pâte s'étale sur une pièce entière du couvent avant cuisson – pour nourrir la population.

MAROC

FÈS LA PRESTIGIEUSE

« La première fois de ma vie que j'ai pris l'avion, ce fut pour aller au Maroc que le maréchal Lyautey définissait comme un pays froid au soleil chaud. Il aurait dû ajouter la magnifique chaleur humaine. Ici, dire bonjour n'est pas seulement une formule. Cela implique vite une discussion et un repas. Je comprends les artistes qui sont venus si souvent s'inspirer et travailler ici. Chaque regard, chaque visage, chaque ruelle, chaque produit culinaire, chaque plat est une profonde œuvre d'art. Les recettes de cuisine que les cuisinières marocaines, les dadas, se transmettent de génération en génération mêlent une incroyable diversité de saveurs méditerranéennes, andalouses, arabes, berbères et juives.

Alors, avec Laurent, nous avons traversé la Méditerranée avec excitation pour nous plonger dans le goût ancien de la cuisine marocaine et de ses produits, jusqu'à la deuxième grande ville du Maroc, Fès, anciennement surnommée l'Athènes africaine pour son faste et sa culture. »

LES ORANGERS

C'est à quelques kilomètres de la ville impériale que commence ce périple. Sur chaque arbre poussent jusqu'à 300 kilos de fruits à taille variable. ZOUHEIR CHAMI présente sa propriété dans laquelle sont cultivés quatre types d'agrumes : la clémentine appelée communément mandarine, la navel de table, la sanguine et la washington sanguine. Il fabrique de la confiture et du jus d'orange et explique — ce que peu de personnes savent — que l'eau de fleur d'oranger ne provient pas de l'oranger, mais du bigaradier, qui est le porte-greffe des agrumes. Zouheir décrit ensuite le gaufrage qui se produit lorsqu'il pleut : l'orange gonfle et se gorge d'eau. Sa propriété, où travaillent deux à trois générations de fermiers depuis ses grands-parents — comme BELKHEIR FATHI, qui est là depuis quarente ans —, est une grande famille !

« J'aime regarder les plantes pousser et prendre l'humus entre mes doigts et le laisser couler comme s'il était le sang de la planète. Ici, il a fallu dériver l'oued pour abreuver la terre et donner vie aux arbres fruitiers : aux citronniers, aux orangers. J'ai un faible pour les oranges, cet agrume venu de Chine et qui a longtemps été un luxe qu'on offrait à Noël. Ici, aujourd'hui, c'est donc fête et les orangers nous offrent des milliers de cadeaux. »

DOMAINE
DR-CHAMI
DOMAINE
DR-CHAMI

SALADE D'ORANGES À LA CANNELLE

INGRÉDIENTS
Pour 4 personnes

4 oranges bien mûres
250 g de sucre (pour 25 cl de jus d'orange)
2 bâtons de cannelle
1 trait de fleur d'oranger

Le sirop d'orange

Préparer un sirop d'orange en prélevant le zeste de 2 oranges, en prenant garde de ne pas laisser le blanc. Le laver. Le couper en fines lanières. Réserver.

Écraser la pulpe des oranges dans un moulin à légumes. Passer le jus au tamis.

Ajouter le sucre et les bâtons de cannelle.

Faire bouillir puis ajouter les zestes. Laisser bouillir 1 min, puis réserver.

Laisser refroidir.

Dressage

Peler les 2 autres oranges à vif. Prélever les segments à l'aide d'un couteau bien aiguisé. Les disposer harmonieusement en rosaces dans des assiettes creuses.

Recouvrir de sirop et de fleur d'oranger.
Servir très frais.

SUCRE DE FLEUR D'ORANGER MAISON

Faire sécher des fleurs d'oranger dans une étuve afin d'obtenir 100 g de pétales séchés. Ajouter 200 g de sucre semoule. Piler au mortier. Passer au tamis puis conserver dans une boîte en plastique hermétique à l'abri de l'humidité et de la lumière.

VARIANTE

On peut ajouter à cette recette un peu de glace à la cannelle.

LES AGNEAUX SARDI ET GELMOUSE

La découverte du domaine de ZOUHEIR se poursuit avec sa ferme et son élevage de moutons. Dans cette région du Maroc, il y a deux races autochtones, dont 70 à 80 % des mâles sont sacrifiés à l'Aïd-el-Kebir, qui se fête deux mois et dix jours après le Ramadan.
Les géniteurs sont repérables à leurs longues cornes, leurs grandes oreilles et leur tête noire. La variété de la région de Casablanca, plus vigoureuse, haute sur pattes, consomme 50 % de plus que la variété montagnarde du Moyen Atlas. Les plus belles agnelles sont sélectionnées pour la reproduction de manière à développer le cheptel, et les moins vigoureuses sont gardées pour la consommation personnelle, les femelles étant plus goûteuses que les mâles.

Dans son élevage, Zouheir veille à ce qu'il n'y ait pas de consanguinité et que deux géniteurs de la même portée ne soient pas conservés. Les échanges entre éleveurs sont donc favorisés, et c'est dans un climat de solidarité que cohabitent les fermiers de la région.

Les épices comme le cumin ou la coriandre vont permettre une conservation de la viande séchée pour une longue saison.

LE KHLII

Parfois, au bout de l'impasse, on pénètre dans une maison attirés par l'odeur du khlii, une préparation culinaire typique de Fès : des lamelles de vache séchées dans des épices, et qui se conservent pendant des mois.

« Se perdre au fil des ruelles de la médina est une jubilation intense. J'aime me heurter aux odeurs désagréables du quartier des tanneurs, au vacarme des marmites en cuivre, aux hypnotiques métiers à tisser, et aux subtilités des poteries et faïences fassies les zelliges. Je suis toujours heureux de découvrir l'inconnu à chaque coin de rue : ce sont quelqu minutes d'hospitalité inattendue, sincère et réconfortante pour l'être humain. »

La tradition de la viande séchée a commencé avec les voyageurs pour la conservation sans réfrigérateurs tout au long de l'année. Le khlii se compose de morceaux de vache pris dans la cuisse et marinés toute une nuit avec de l'ail, de l'huile et des épices : coriandre et cumin. Puis la viande est mise à sécher au soleil, trois jours l'été et entre une semaine et quinze jours l'hiver. Elle perd alors 50 % de son poids. Le khlii pourra se cuire dans la graisse ou dans l'huile d'olive. Il est particulièrement apprécié en accompagnement d'œufs, de plats de lentilles, ou tout simplement avec du pain.

Amine montre à Laurent une lamelle de khlii séchée par le soleil et l'air depuis quatre jours. Tendre la viande sur un fil permet de surveiller le processus de séchage de chaque morceau.

Le khlii est particulièrement apprécié en accompagnement d'œufs, de plats de lentilles, ou tout simplement avec du pain.

AMINE TOUATI, producteur de khlii, raconte que, par le passé, toutes les familles marocaines de la région de Fès fabriquaient leur propre khlii. Pour le manger avec des lentilles ou des haricots blancs après une cuisson de quatre heures.

« De porte en porte, au détour des mosquées et des minarets, je me souviens avoir été musulman pendant deux ans. J'avais 16 ans et j'étais séduit par les sourates du Coran et les volutes sonores d'Oum Kalsoum. Je me lavais du monde. Et peu à peu, mon corps, enivré par les produits qui apparaissaient comme par magie, s'est laissé tenter. »

LE PAIN

C'est dans une maison qui date du XVIIe siècle que Gérard et Laurent découvrent les particularités du pain marocain. Autrefois, la ville était partagée en quartiers et chaque quartier avait son four à pain. Les familles faisaient la farine, la pâte, et emmenaient leur planche avec un linge dans le four collectif, pour venir faire et cuire le pain. Aujourd'hui, il y a un responsable du four qui fait la cuisson. La pâte se fabrique tout simplement avec de la farine, de l'eau, un peu de sel et de levure.

Dans ce four collectif, chacun vient mettre à cuire la pâte qu'il a pétrie chez lui.

LE COUSCOUS

Pour travailler la semoule, FATNA MSIBAH la mouille avec de l'eau froide goutte à goutte et la roule sous ses doigts, afin d'éviter les grumeaux ou que les grains ne se collent, et pour que la semoule soit très fine. Puis elle la fait cuire à la vapeur du couscoussier, tout en continuant à la travailler régulièrement. Ensuite, elle mettra du poivre, du gingembre, du safran, du curcuma, de l'huile du pays… Elle a fait cuire à part ses légumes (pois chiches, courgettes, carottes…) et de la viande (poulet et viande rouge). Après cette pré-cuisson à la vapeur au-dessus du couscoussier, la semoule finira de cuire avec la vapeur des viandes et des légumes.

« Que serait la cuisine marocaine sans les olives qui existaient au cœur du sahara il y a 11 000 ans, sans les épices, sans le ras el hanout — littéralement "la tête de boutique" : le meilleur du magasin —, mélange de plus d'une vingtaine d'épices ? Au XVe siècle, on payait en espèces, c'est-à-dire en épices. Aujourd'hui je suis riche d'épices et je dépense tout dans ma cuisine. »

PIGEON RÔTI, RAVIOLES DE FÈVES ET CITRONS CONFITS

INGRÉDIENTS
Par personne

1 pigeon de 500 à 600 g
Huile d'olive
1 carotte
2 oignons
1 bouquet garni
Un peu de curcuma et de gingembre
1 trait de vinaigre de vin
Quelques fèves
1 gousse d'ail
Un peu de coriandre et de persil plat
Pâte à nouilles
1 cuillerée de crème fraîche
1 citron confit

ASTUCE

Facilitez-vous la tâche : si vous n'avez pas envie de faire la pâte à nouilles, les épiceries asiatiques vendent des carrés de pâte à raviolis prêts à l'emploi.

Le pigeon

Cuire le pigeon, 8 à 10 min à four chaud. Le désosser.

Préparer un jus avec la carcasse : la rôtir dans un peu d'huile d'olive, ajouter la carotte, 1 oignon, le bouquet garni, 1 pincée de curcuma et de gingembre.

Déglacer avec le vinaigre de vin. Mouiller à hauteur. Cuire environ 30 min. Filtrer puis réduire le jus jusqu'à consistance sirupeuse. Ajouter autant d'huile d'olive que de jus réduit. Réserver.

Les fèves

Pendant ce temps, écosser les fèves. Enlever la première peau. Les cuire dans l'huile d'olive avec 1 oignon, l'ail ciselé, 1 bouquet de coriandre et de persil plat. Ajouter éventuellement un peu d'eau. Cuire 10 min à couvert.

Égoutter puis passer au tamis afin d'obtenir une purée. Saler, poivrer.

Les ravioles

Préparer une pâte à nouilles aux œufs et l'abaisser en deux rectangles de même dimension épais de 1,5 mm.

À l'aide d'une poche à douille, déposer régulièrement des petits tas de farce aux fèves sur l'une des abaisses, en rangées, tous les 3 cm environ.

Du bout des doigts, humecter la pâte entre les masses de farce.
Placer la seconde abaisse de farce sur la première et presser entre les masses de farce pour souder les deux abaisses.

Découper les ravioles à l'aide d'un petit emporte-pièce rond.
Les réserver au frais avant de les cuire 2 à 3 min dans de l'eau salée.

Après cuisson, les égoutter puis les passer dans la cuillerée de crème fraîche préalablement chauffée.

Dressage

Sur une assiette, placer le pigeon au centre et ajouter un trait de sauce entre chaque raviole. Ajoutez quelques tranches de citron confit.

LA SOUPE DE FÈVES

La soupe de fèves est une spécialité marocaine originaire de Fès. Appelée bissara, elle est préparée avec des fèves sèches. Dans les montagnes du nord du Maroc, elle cuit toute la nuit pour être prête le lendemain au petit déjeuner des paysans, qui sortent à l'aube, en direction des champs. Les fèves sont plongées dans un mélange d'eau, d'ail, de cumin, de piment rouge, et d'huile d'olive. À ébullition, il faut baisser le feu et écumer les bulles qui se sont formées en surface pendant 10 à 15 min. Puis couvrir à moitié et laisser cuire à feu doux jusqu'à ce que les fèves deviennent fondantes. Les écraser dans une passoire fine pour obtenir une purée lisse et remettre à feu très doux en ajoutant de l'huile d'olive, jusqu'à ce que la soupe devienne homogène. Servir la bissara bien chaude avec paprika, cumin et huile d'olive.

LES PIGEONS

Les meilleurs pigeons de Fès sont chez le marchand MOHAMED BENALLAL, entre le souk et la médina. Il nourrit quotidiennement ses 120 pigeons avec 5 kilos d'un mélange de trois graines : du maïs rouge, du maïs blanc et du millet. À partir de 17 heures, chaque jour, il reçoit les commandes pour la cuisson en pastilla ou pour une femme qui accouche puisqu'une tradition marocaine veut que l'on offre des pigeons à une femme qui vient d'avoir un enfant. Une préparation de soupe de pigeons sera aussi proposée aux malades car, d'une manière générale, les pigeons sont utilisés pour se soigner. Pour son goût personnel, Mohamed les farcit aux vermicelles et préfère la cuisson à la vapeur.

Une façon de déguster le pigeon de Fès : le farcir aux vermicelles et le cuire à la vapeur.

LA PASTILLA

Dans la médina, cette vieille ville fondée au IXe siècle, vivent encore plus de 100 000 habitants. Pour sortir de ce labyrinthe, on peut se faire aider par des pigeons qui furent domestiqués dès l'Antiquité. Très prisé dans la cuisine, le volatile est aussi un infatigable voyageur. Un pigeon fassi abandonné à Marrakech rentrera quoi qu'il arrive, à la vitesse de 120 km/h. Il rejoindra son nid ici, à Fès, pour participer à la grande fête culinaire, et terminera son voyage dans l'une des spécialités de Fès, mais d'origine andalouse : la pastilla.

« Le luxe, c'est l'intelligence du savoir-vivre. Ce n'est certainement pas Vuitton. C'est un artisanat bien fait, travaillé, sans marque si possible. Le luxe, c'est la connaissance de Myriam. »

Lalla Myriam El Alaoui réalise une pastilla selon la mode de Fès, que Gérard dégustera avec délectation.

La pastilla, appelée *johara* dans sa variante sucrée, est un secret qui se transmet de mère en fille. Plat apprécié répandu dans tout le Maroc, elle doit avoir cette croustillance qui en fait la réputation. En la découpant une fois cuite, les différentes couches à l'intérieur doivent apparaître : les œufs brouillés, le pigeon, les amandes et la cannelle, qui se mettent en dernier. Le dessus est saupoudré de sucre glace. C'est un plat de cérémonie, pour les grandes occasions, les mariages.

« Ici, les échanges ne sont jamais mensongers, ils ne trompent pas. Et quand il y a un bon méchoui ou un couscous à partager, c'est encore mieux. Le manger avec les mains, puis les laver avec de l'eau de fleur d'oranger et partager un thé à la menthe. Mais un proverbe berbère annonce la couleur : le premier verre de thé est sucré comme la vie, le deuxième doux comme l'amour, et le troisième amer comme la mort. »

Agricola

ITALIE DU SUD

DE NAPLES À GRAGNANO

« En Italie du Sud, la vie est partout, bouillonnante et douce. À l'image de ces îles qui font face au Vésuve. Des îles qui, écrivait Chateaubriand posté en haut du volcan, sont un paradis vu de l'enfer. D'autres écrivains se sont laissés happer par l'énergie napolitaine : Dumas, Stendhal, Goethe, Flaubert, Sartre, Zola. Tous ont célébré le Vésuve, ce cimetière fertile, ce lieu de vie et de mort. Une terre où pousse de l'or : les piennolo, ces petites tomates au bout pointu que les Napolitains tressent pour les conserver pendant l'hiver. Mais aussi les oranges, les citrons et le vin. Les larmes du Christ, lacryma Christi.
Aux côtés de mon ami, coupant à travers les villes du Vésuve jusqu'à Naples et Ischia, puis en parcourant la péninsule amalfitaine de Cetara à Gragnano, je vais enfin humer et goûter les produits les plus délicats. »

LA MOZZARELLA DI BUFALA

Après la chute de l'Empire romain, l'invasion du sud de l'Italie par les Longobards (tribu allemande) conduit à l'introduction des troupeaux de buffles en Italie. Le lait de buffle est alors utilisé par la population locale pour produire la mozzarella. En 1200 environ, les moines bénédictins ont commencé à fabriquer la « mozza » à Capoue, dans la région de Caserte. Selon certains, ce seraient les sarrasins qui auraient implanté le buffle et la mozzarella en Sicile et dans la plaine du Garigliano. Déjà signalée en 1570 dans le livre culinaire de Bartolomeo Scappi, la « mozzarella di bufala campana » bénéficie au niveau européen (depuis 1996) d'une appellation d'origine protégée (AOP). Elle est appelée « l'or blanc » ou « la perle de la table » en Italie.

Le lait de la bufflonne est plus riche en acides gras et protéines que celui de la vache, et ne contient pas de carotène. Son gras a des particules plus petites que le gras du lait de vache et il est plus facile à digérer. De plus, le lait de bufflonne n'a presque pas de saveur, on n'a donc pas un goût de beurre à la cuisson. L'idéal est de manger la mozzarella le soir de sa production.
Pour sa fabrication, le lait est apporté en tracteur à la citerne du labo à 4 heures du matin. Il est travaillé jusqu'à ce qu'il caille. On y ajoute le sérum eau de mozzarella du jour d'avant. Après quatre heures de repos, un ajout d'eau à 95 °C permet que la pâte cuise et commence à fondre. Cela donne une grosse mozzarella de 15 kilos, par choc thermique. Après retrait de l'eau en excédent, on obtient « la mozzatura ». Avec les petits bouts de mozzarella, on fait les bocconchinis (petites boules). Un autre produit laitier réputé en Italie provient du sérum eau de mozzarella réchauffé avec ajout de lait : c'est la ricotta, qui remonte en chauffant le lait à 85 °C.

ANTONIO PALMIERI a été pris pour un fou lorsqu'il a installé sa laiterie ultramoderne pour avoir un lait de qualité. Né dans une famille d'éleveurs, il a commencé à vendre du lait en 1998. Chez lui, la bufflonne se sent bien. Elle porte une puce autour du cou pour qu'Antonio puisse suivre ses activités. Elle va à la traite lorsqu'elle en ressent le besoin. Entièrement mécanique (une caméra trouve les pis et dirige un bras mécanique), la traite réduit le stress pour l'animal en suivant ses mouvements en avant et en arrière. Au son de la musique jazz, la bufflonne se fait masser et doucher lorsqu'il fait trop chaud ; elle dort sur un matelas de repos en caoutchouc et elle est soignée par homéopathie… Avec ce traitement pour son bien-être, elle produit davantage et mieux. L'entreprise ne souhaite pas grandir. Cela entraînerait l'envoi de la mozzarella par camions réfrigérés à 4 °C, ce qui ferait baisser la qualité du produit.

LE FRIARIELLI

La cuisine napolitaine est née des invasions. Français, Bourbons, Espagnols... tous ont laissé des traces culinaires et la fusion s'est opérée. ANTONIO TUBELLI, cuisinier savant et populaire, a décidé de se souvenir et de conserver ce patrimoine. Et l'une des grandes traditions de la Campanie et de Naples, c'est un chou : le friarielli. Il en existe des dizaines de variétés qui poussent la nuit, lorsqu'il fait frais. À l'abri des regards.

La caractéristique des légumes napolitains est leur amertume. Le friarielli, brocoli-rave, ressemble au chou chinois, mais est plus fort en amertume. Ses feuilles pointues entourent un bourgeon vert, semblable à une petite tête de brocoli. Son goût est proche de celui de la noix, amer et piquant. Il est riche en vitamines A, C, et K, ainsi qu'en potassium, calcium et fer. Originaire de Chine, il est maintenant développé dans le monde entier. En Italie du Sud, on le trouve tout au long de l'année, mais de façon plus importante à l'automne et au printemps.

Antonio Tubelli est devenu cuisinier dans les années 80, après avoir travaillé dans l'informatique. À 30 ans, il s'est lancé dans la cuisine avec passion, pour comprendre son patrimoine. Selon lui, la cuisine du Sud est différente des autres parce qu'elle s'est nourrie des grands mélanges culturels de ces régions, du Latium septentrional, des Abruzzes, jusqu'à la Calabre. Avant l'invention des macaronis, l'alimentation se basait essentiellement sur des primeurs, des plantes potagères ou des légumes.

SCAROLE À LA NAPOLITAINE

INGRÉDIENTS
Pour 4 personnes

- 40 g de raisins secs
- 30 g de pignons de pin
- 40 g de câpres
- 3 belles scaroles
- 2 gousses d'ail
- Quelques olives noires
- 4 filets d'anchois en saumure
- 1 trait de colature

Faire tremper les raisins secs dans un peu d'eau tiède pendant une quinzaine de minutes.

Faire torréfier les pignons de pin au four jusqu'à ce qu'ils soient dorés. Pendant ce temps, rincer les câpres au sel et nettoyer les scaroles.

Dans une poêle anti-adhésive, faire revenir les gousses d'aïl grossièrement écrasées. Ajouter les feuilles de scarole jusqu'à ce qu'elles fondent.

Ajouter les pignons de pin, les raisins et les olives noires dénoyautées, les câpres et les filets d'anchois.

Bien mélanger l'ensemble, rectifier l'assaisonnement.

Ajouter la colature et servir tiède.

À Naples, pendant les fêtes de Noël, la tradition est de manger des spaghettis avec de la colature.

LA PASTA

La pasta naît à Gragnano au XVIe siècle. La semoule arrivait par la côte amalfitaine et était achetée par échange de peaux ou de pâtes. Ces dernières sont la culture « du pauvre » dont l'alimentation est essentiellement à base de pâtes, de légumes, fromage et pizza. Les pâtes étaient séchées dans la rue jusqu'au XIXe siècle, avant l'arrivée de l'automobile. Ensuite, un ingénieur nommé Chillilo a reproduit le même procédé en intérieur, le chauffage remplaçant le soleil, et les ventilateurs, l'action du vent.
Pour faire une bonne pâte, la semoule est mise dans un tamis et mélangée avec de l'eau (ingrédient fondamental). Ensuite, la pâte est versée dans un moule en bronze, très ancien. La qualité du moule et du bronze est primordiale pour des questions de transmission de la chaleur. Puis les pâtes sont préséchées à 70 °C. Elles sont mises en plateau et emmenées au séchoir pour trois jours.

En 1876, Gentile crée l'entreprise que le grand-père d'Alberto Zampino rachète en 1945. Depuis, trois générations travaillent dans cette fabrique.

SPAGHETTIS À LA TOMATE BARSANELLA

Ail, tomate, basilic et huile d'olive. Tout simplement !

Chez ALBERTO ZAMPINO, tout est artisanal pour ne pas perdre de vitamines. Et les pâtes se tiennent bien car elles sont très riches en gluten. Alberto nous dit pourquoi ses pâtes sont si exceptionnelles : par la qualité de l'air et le microclimat, qui permettent un séchage de manière excellente mais également par la qualité de l'eau de la ville. Les pâtes sont protégées par une appellation contrôlée à condition d'être produites avec l'eau de source de l'aqueduc. L'AOC (DOP en italien) de ces pâtes est liée à cette eau dont le pourcentage de chlore est très bas et celui de minéraux, très élevé.

MARIA ZAMPINO donne la recette de ses spaghettis à la tomate barsanella : ail, tomate, huile d'olive et basilic. La culture alimentaire de la Campanie du Sud consiste à faire en sorte que les produits de la terre ne soient pas gâchés par d'autres saveurs. Pour ses habitants, il y a donc seulement trois ingrédients : une bonne huile, une bonne pâte, et une bonne tomate. Des puristes, en quelque sorte.

« Je comprends le voyage d'Ulysse. Faire la route, passer des épreuves, se donner à l'aventure et se perdre, envoûté par le chant des sirènes. Et ce n'est pas un hasard si Naples fut fondée par une sirène. »

LA PIZZA

La première pizza « moderne » a été faite à Naples en 1780 par Pietro Colicchio. Après plus de 200 ans, sa pizzeria existe encore, mais elle a été rebaptisée « Ancienne Pizzeria Brandi ». C'est là où, en 1889, Raffaele Esposito, considéré comme le meilleur pizzaïolo de son temps, invité au palais royal de Capodimonte (à Naples) pour faire des pizzas pour le roi d'Italie, Umberto I de Savoie, et sa femme, la reine Margherita, prépara trois pizzas différentes : la mastunicola (fromage, basilic et lard), la marinara (tomate, chou et origan) et la pomodoro et mozzarella (tomate, fromage et basilic), dont les couleurs rappelaient le drapeau de l'Italie. La reine apprécia et lui envoya un courrier. Pour la remercier à son tour, il donna à l'une de ses pizzas le nom de margherita.

À la pizzeria La Figlia del Presidente, la pâte authentique se compose de farine 00 avec de la levure naturelle ou comprimée, sel et eau avec pH entre 6 et 7. La pâte, confectionnée à la main, ne doit pas avoir plus de 3 millimètres d'épaisseur. C'est la caractéristique principale de la pizza napolitaine. Elle est cuite à 485 °C dans un four à bois à double coupole, où l'on brûle aussi bien du chêne que du frêne, du hêtre ou de l'érable.

La tomate était alors beaucoup utilisée dans la cuisine italienne, en particulier dans la cuisine napolitaine. C'est à ce moment que la pizza trouva sa patrie et son point de départ, Naples, pour sa diffusion dans le monde. La pizza était l'un des plats favoris de la cuisine napolitaine. Entre le XVIIIe et le XIXe siècle, l'habitude de manger de la pizza ne débuta pas que dans les maisons ni dans les rues, mais aussi là où les pizzas étaient faites : les pizzerias.

Il y a plus de 2 000 ans, les insouciants habitants de Pompéi se délectaient de garum, le principal condiment utilisé à Rome depuis la période étrusque. Il s'agissait d'une sauce faite de chairs ou de viscères de poisson, voire d'huîtres, ayant fermenté longtemps dans une grande quantité de sel, afin d'éviter tout pourrissement. Le garum entrait dans la composition de nombreux plats, notamment à cause de son fort goût salé. Aujourd'hui, à quelques kilomètres du Vésuve, la tradition du garum perdure et la colature d'anchois est un produit émouvant.

LES TOMATES DU VÉSUVE

Les *pomodorini del piennolo* sont les petites tomates en grappes qui poussent sur les pentes du volcan Vésuve. Elles sont appelées aussi « or du Vésuve ». Elles constituent la plus ancienne variété de la Campanie. D'un poids avoisinant les 20 grammes chacune, ces tomates sont reconnaissables à leur pointe finale. Nourries par le soleil, un microclimat particulier et une terre fertilisée par le volcan, elles sont irriguées naturellement par les pluies. Ce qui va leur donner une pulpe dense, une peau épaisse et surtout une saveur intense. Elles sont appelées *piennoli*, *lampadina*, *patanara*, *principe borghese*, et il en existe également une variété jaune. Elles sont récoltées en grappes en septembre-octobre pour leur pleine maturité et conservées jusqu'à huit mois, enroulées dans leurs propres branches, en grosses grappes.

LA PÊCHE AU LAMPARO

Les anchois de meilleure qualité sont ceux pêchés au lamparo. Cette façon de pêcher se pratique à la tombée de la nuit. À l'aide d'une lampe, on éclaire la zone poissonneuse. Attirés vers la lumière, les anchois sont pêchés et, traditionnellement — pour garantir une qualité maximale —, ils sont plongés dans une cuve d'eau de mer glacée. Ils raidissent sans être malmenés par les filets et ont une saveur incroyable.
C'est une pêche artisanale que les pêcheurs de Cetara, en Italie, ont apporté en France, à Sète, port d'anchois réputé.

« Pour moi, les anchois pêchés au lamparo sont les meilleurs : ce sont les seuls que j'achète. »

LA COLATURE

La colature est un condiment de la cuisine napolitaine très ancien, puisqu'elle était déjà utilisée du temps de Pompéi. Elle vient du garum mais a évolué de façon moins saumâtre : restes de poissons et leurs viscères, de coquilles d'huîtres à mariner dans de la saumure. La colature remplace le sel dans des préparations culinaires, mais elle figure aussi sur la table en flacon. Elle se rapproche du nuoc-mâm dans sa consistance et son utilisation. Son goût est assez relevé et son odeur devient très forte lorsqu'elle est chauffée. On peut y ajouter un jus de citron ou encore la pimenter.

LES SPAGHETTIS À LA COLATURE À LA FAÇON DU PÊCHEUR PASQUALE FERRIGNO

Mettre l'huile, la colature, l'ail et le piment fort dans la poêle. Puis y ajouter les spaghettis cuits que l'on fait sauter avec un peu de basilic.

TARTE AUX ANCHOIS, AUX OLIVES ET AUX OIGNONS BLANCS DE NAPLES

INGRÉDIENTS
Pour 4 personnes

125 g de farine
Sel
125 g de beurre
3 oignons blancs
1 cuillerée à soupe de sucre en poudre
4 anchois
Un peu de roquette
Quelques olives napolitaines
1 trait de colature

VARIANTE

Lorsque ce n'est pas la saison des anchois, on peut préparer cette recette avec des sardines.

La pâte brisée

Disposer sur le plan de travail la farine tamisée avec 1 pincée de sel et le beurre ramolli et coupé en morceaux.

Rassembler les éléments puis y ajouter 2 cuillerées à soupe d'eau. Fraiser la pâte deux ou trois fois, la rassembler en boule, la couvrir d'un linge et la laisser reposer 2 h au frais.

La confiture d'oignons

Laisser réduire sur le feu les oignons émincés, le sucre et un peu de sel jusqu'à obtention d'une confiture.

Les anchois

Couper la tête et la queue des anchois ; à l'aide du pouce, enlever l'arête centrale. Parer régulièrement les filets.

Cuisson

Abaisser la pâte de façon à obtenir un fond de tarte. Le garnir de confiture d'oignons. Disposer les filets d'anchois tête-bêche. Cuire la tarte au four à 180 °C pendant 5 min.

Dressage

Déposer un mélange de roquette et de petites olives napolitaines sur la tarte encore tiède, puis l'assaisonner de colature.

LE LIMONCELLO

SILVIA D'AMBRA nous livre la recette du limoncello, né entre Capri et Sorrente, et qui a connu un réel essor au XXe siècle. Il faut utiliser la peau du citron mais surtout ne pas prélever le blanc, car il est très amer. Le citron de Procida, que l'on appelle albedo, est le plus doux. Il faut laisser macérer les écorces 40 à 50 jours dans l'alcool pur à 90 °C. Ensuite, procéder à la dilution avec 1 litre d'alcool et 1 litre d'eau avec 250 à 500 grammes de sucre dans l'eau. Chauffer doucement, puis laisser reposer et refroidir. Mélanger et à nouveau laisser reposer pendant quelques jours. Le limoncello se sert frais.

Lorsque l'on ramasse les citrons sur l'arbre, il faut tourner le fruit jusqu'à ce qu'il vienne et surtout ne pas tirer dessus, afin de ne pas l'abîmer.

La plus grande des trois îles de la baie de Naples, c'est Ischia. Une île-continent, la terre et la mer, un monde qui tient dans une main. Ischia était 350 mètres sous l'eau. Lorsque l'activité du magma a fait imploser la plateforme, Ischia s'est créée. C'est pourquoi les sédiments marins sont multiples. Cette île volcanique possède une particularité géologique unique au monde : son sous-sol est constitué de *tufo verde*, un terrain particulièrement fertile utilisé par les vignerons pour amender les sols. Bien que ce soit un centre thermal, il y a très peu d'eau sur Ischia. Toutes les maisons sont construites avec des piscines pour récupérer l'eau de pluie.

La cuisine, c'est avant tout connaître le produit et son origine. À Ischia, on mange du lapin depuis 3 000 ans. Arrivé avec les Phéniciens, il vit sous les vignes, dans des fosses inexplorées, parfois longues de plus de 300 mètres. Il mange les herbes aromatiques du cratère, ce qui donne un goût inimitable à la viande. Laissés en semi-liberté, les animaux vont ainsi creuser à leur guise des terriers géants, tout en revenant systématiquement dans la fosse, où le vigneron les nourrira avec les mauvaises herbes arrachées quotidiennement dans les vignes.

Quand le père de Gérard, le Dédé, faisait du ragoût avec un lapin rapporté par un chasseur, il savait ce qu'il faisait. Il le cuisinait avec beaucoup de sauce et des pommes de terre. Pareil pour Jeannot — Jean Carmet —, dont le regard s'illuminait devant une belle tranche de pain de campagne grillé sur lequel il posait son lapin en gelée.

Les planches étagées du domaine des d'Ambra sont typiques de cette région du Sud. Les lapins, en semi-liberté, creusent des fosses souterraines pouvant aller jusqu'à 300 mètres.

ISCHIA ET SES LAPINS

À la trattoria Il Focolare, les lapins sont élevés dans un habitat contrôlé. SILVIA ET AGOSTINO D'AMBRA nous reçoivent. Agostino récolte les légumes dans le potager pour cuisiner le lapin selon la tradition d'Ischia : un lapin moyen entre 1 kilo et 1,5 kg accompagné de 7-8 tomates, d'ail, de vin blanc et d'herbes aromatiques (persil, basilic, origan).

RICCARDO D'AMBRA, le père d'Agostino, a repris l'élevage traditionnel. Il est né dans le vin, qui était cultivé par sa famille depuis quatre générations. Il ne veut pas oublier ses racines. « Je suis né dans les vignes, mon vignoble était l'un des plus grand de l'île, puis le Crédit Suisse est entré dans le capital et nous a dégagés de l'entreprise. Une grande douleur qui a révolutionné ma vie. Aujourd'hui, je veux transmettre mon corps, mon âme, mes lapins, mon île. »

« Voir Naples et mourir. C'est faux. On survit à Naples malgré la beauté, la dureté, l'injustice qui y plane. Être au-dessous du volcan comporte quelques dangers, s'y perdre et rester seul. Pourtant de la cendre surgit la vie et sa meilleure recette, le désir. Et c'est ça, être de Naples, forcer son honneur et être fier de ses produits. »

ITALIE DU NORD

DE SIENNE À RODDINO

« Le voyage est une école de vie et j'ai passé toute la mienne à apprendre avec les autres, partout. S'il est vrai que la gastronomie française est d'une richesse inouïe, c'est en Italie que je me retrouve le plus, dans sa simplicité. C'est lors du tournage du film 1900 de Bertolucci que j'ai découvert cette culture qui me touche. Une cuisine de pauvreté qui repose sur des produits qui, nulle part ailleurs, n'ont une saveur aussi extraordinaire.

Nous partons de Sienne et Petroio en Toscane, pour une grande aventure qui nous emmène vers Parme et jusqu'à Alba et Roddino, dans les montagnes piémontaises. »

L'HUILE D'OLIVE

Trequanda

FRANCO BARDI reçoit Gérard et Laurent dans sa propriété, une maison abandonnée qu'il a entièrement rénovée pour le plaisir, sans l'arrière-pensée d'être producteur d'huile d'olive. Puis en 2000 il a commencé à faire ses premières bouteilles avec ses oliviers de plus de 400 ans.

Entre le fumage, la taille, la coupe de l'herbe, la *scalettatura* (ou coupe à facettes) au mois d'août, les oliviers l'occupent toute l'année. La période de récolte la plus courante va de novembre à décembre. Voire jusqu'en janvier. Le secret de Franco est de récolter de façon précoce, dès début octobre et jusqu'à mi-novembre. CARLO ALBERTO BINDI, propriétaire du moulin, nous donne la recette pour faire un produit d'une haute qualité, à utiliser cru pour exalter les parfums des mets servis. Comme un bon vin.

Il faut amasser les olives en faisant une première sélection de la partie inutile : feuilles, branches, etc. Puis les laver avec de l'eau pure, de source ou de pluie. Ensuite, broyer, écraser, détruire l'olive, y compris le noyau, pour en faire une pâte. Puis malaxer très lentement pour faire en sorte que l'huile se sépare de l'eau. Pendant ce temps, à cause des enzymes, commencent à se dégager aussi les odeurs, les parfums, les arômes. C'est le plus important pour juger de la qualité future de l'huile. Ensuite, le passage à la centrifugeuse projette la partie solide et la partie liquide, composée d'eau et d'huile, se place au fond de la cuve.

Il est important de faire un mélange des variétés frantoio (plus verte), leccine, et moraiolo (plus rouge). C'est ce qui fera la richesse des parfums et permettra que l'huile ne soit pas amère. Leurs arômes différents s'ajouteront. Dans le pétrin mécanique, lorsque l'on verse l'huile, la pâte qui s'est formée devient alors, par dilution, une huile parfumée.

« C'est là le talent de l'homme, comme le talent du vigneron, c'est qu'il sent au moment près. Il est tout le temps à l'écoute de ses olives. »

LA CHIANINA

Castelmuzio

La chianina, l'une des plus anciennes races bovines, qui date de plus de 2 000 ans, pèse parfois la tonne. Cette vache offre notamment l'une des spécialités de Toscane : le steak à la florentine, *il bistecca alla fiorentina*. Les bovidés sont nourris avec de l'herbe dans laquelle il y a de la farine de maïs pour compléter leur alimentation avec des sels minéraux. À la ferme de Castelmuzio, la viande est un produit IGT (indication géographique typique). Elle reste un mois en faisandage. Notamment pour l'entrecôte, qui est un peu plus dure à mâcher et qu'il convient de laisser reposer après la cuisson autant de temps que le temps de cuisson, afin qu'elle se détende et redevienne tendre.

LE LABEL SLOW FOOD

L'Italie est parmi les premiers pays pratiquant une agriculture biologique rigoureuse. Le mouvement Slow Food, né à Bra dans les années 80, prône une alimentation « bonne, propre et juste », respectueuse de la biodiversité, des terroirs, par le maintien des pratiques agricoles durables et des traditions locales. Le label permet de repérer les quelque 1 800 producteurs italiens qui pratiquent le Slow Food, que l'on retrouve également dans les restaurants.

Slow Food®

« La lumière de l'Italie me réconforte. La dolce vita, cette vie douce, transalpine, c'est aussi cette communion avec la nature. Parfois, j'aime aussi prendre mon temps. Le slow food, dont je suis adepte depuis ses premières heures, est né en Italie.
Ce label prône une qualité extrême des produits. »

LE JAMBON DE PARME

Quelques centaines de kilomètres au nord, la douce Toscane laisse place à la région de Parme. Appelant la nature à la rescousse, l'air de la mer qui surfe sur les collines parmesanes alterne avec les froids courants montagneux.

Ce n'est pas un hasard si le jambon de Parme est connu dans le monde entier. Ce n'est pas seulement par la beauté des paysages de la région mais c'est aussi son air. La *nebbia* (brouillard) et l'air de la montagne sèchent les jambons. Chez CARLO GALLONI, producteur de jambon de Parme, le ballet des portes coulissantes s'opère, faisant varier la température, l'hygrométrie.

La famille de Carlo fait du jambon depuis toujours. Du côté de sa mère depuis 1440… C'est une tradition qui se perpétue.

« Lorsque la confrérie des jambons de Parme m'a proposé de devenir son ambassadeur, j'ai été ému. C'est essentiel d'aider à transmettre la passion de ces familles qui depuis des siècles travaillent leurs produits selon des règles et des traditions strictes, tout en s'adaptant à la modernité. »

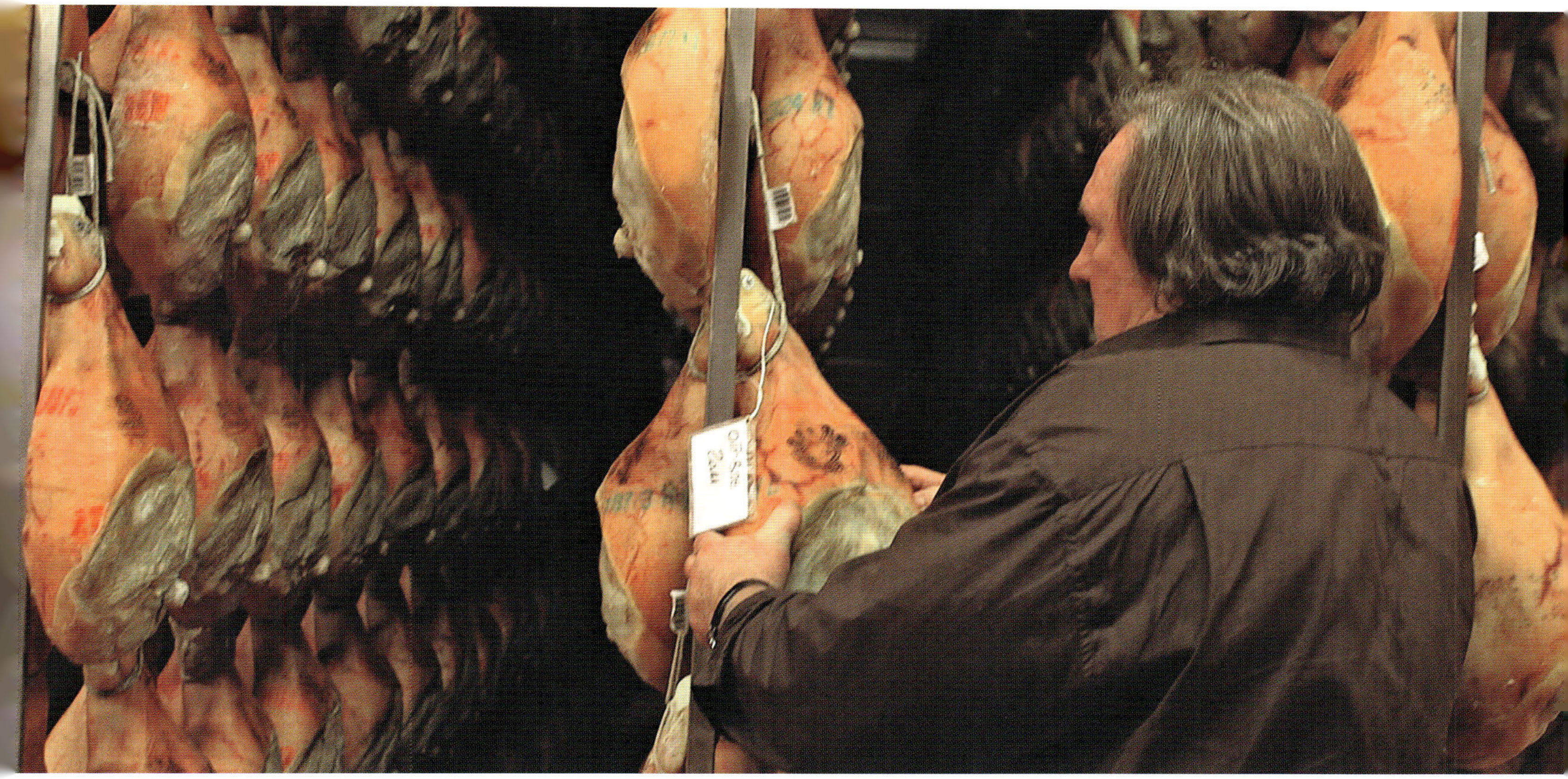

Cette région réunit les conditions idéales pour travailler le jambon d'une façon naturelle. Les protéines de la viande engendrent des saveurs avec la maturation du jambon. La lysine qui se trouve dans le jambon (comme dans le fromage), lui donne un bon goût. Il y a une autre saveur qui vient de la cave, de l'environnement : celle des levures. Il ne faut ni trop, ni trop peu d'humidité. La levure ne supporte pas la ventilation artificielle. Avec la climatisation, on ressent l'air qui arrive. Lorsque nous ouvrons nos fenêtres, l'air avance à un demi-mètre par seconde. Il est très léger. Tous ces éléments font se développer le blanc, qui n'est que de la levure parfumée. Et la levure augmente. Tous ces arômes sont transmis par voie liposoluble à travers le gras. Après dix-sept mois, le jambon est placé dans une salle à 30 °C, de façon à ce que le gras à l'intérieur puisse se dissoudre. Ensuite, on le met au réfrigérateur et le gras durcit, en changeant de composition chimique. Lorsqu'on le coupe, il devient plus huileux et se révèle extrêmement agréable au palais. Le séchage dure de douze à trente-six mois, mais vingt mois est une bonne moyenne. C'est avec un tibia de cheval taillé que le spécialiste pique et repique le jambon. L'os poreux conserve les odeurs et permet de vérifier les arômes et la bonne qualité.

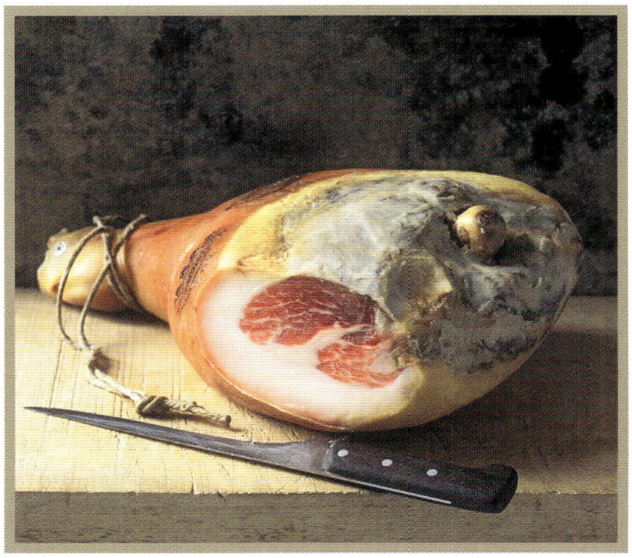

LE CULATELLO

Zibello

Le culatello s'obtient en ne conservant que la meilleure viande de la cuisse du porc élevé dans cette région, dans le brouillard de Zibello. On extrait une petite poire couverte d'un salage, qui est placée dans une vessie de cochon, puis affinée, séchée en cave. Son goût, son parfum, sa douceur en font une charcuterie rare. Pas plus de 50 000 culatellos par an, que les grands de ce monde s'arrachent.

C'est le long du Pô et dans la campagne parmesane, chez Luciano et Massimo Spigaroli, que l'on découvre le culatello, qu'il convient de ne pas appeler « jambon ».

Alessandro Ciofi, charcutier à Sienne, montre à Gérard et Laurent comment il remplit le boyau pour fabriquer sa saucisse du Piémont. Leurs papilles se régalent de sa charcuterie succulente : son fromage de tête, sa mortadelle, et ce qu'il appelle son « tue-foie », un mélange d'abats, langue, cœur et foie.

LA SAUCISSE DU PIÉMONT

Un peu plus loin, à Sommariva Perno, nous apprenons comment se fait la fameuse saucisse du Piémont, dite aussi dans la région « saucisse de montagne ». Lard et viande de cochon en provenance des éleveurs de Cuneo sont hachés par la machine. On ajoute 20 grammes de sel par kilo et 1 gramme d'épices. Quant aux arômes : une infusion d'ail et de clous de girofle, avec de la cannelle. Il faut bien malaxer, de façon à ce que tous les arômes soient retenus. La saucisse est constituée avec des boyaux de mouton naturels, jamais de synthétique.

LES RAVIOLIS

À Roddino, dans le Piémont, GEMMA BOERI, restauratrice, montre et explique comment faire les pâtes. Chez elle, ce savoir-faire se transmet de mère en fille, depuis sa grand-mère qui faisait les tagliatelles. Pour elle, les pâtes doivent se faire au rouleau, pour ne pas être pressées par la machine et abîmées. En utilisant très doucement le rouleau, les pâtes ont davantage de tenue à la cuisson. Avec 1 kilo de farine et 14 œufs, Gemma fait la pâte. Ensuite, elle prépare sa farce : viandes mélangées (bœuf, veau, porc) à la moitié de légumes et aromates (fines herbes, épinards, chou, ail, oignon, romarin). Avec sa dextérité pour manier la pâte et la farce pour former les raviolis ou *agnolotti* bossus, elle nous transmet le secret de ses gestes.

RISOTTO AUX TRUFFES BLANCHES D'ALBA

INGRÉDIENTS
Pour 4 personnes

1 belle truffe blanche
1,5 l de bouillon de volaille
1 cuillerée à soupe d'huile d'olive de Toscane
1 échalote
200 g de riz rond italien
40 g de beurre
40 g de parmesan râpé

La truffe

Passer la truffe sous l'eau froide en la brossant délicatement puis l'essuyer avec du papier absorbant.

Le risotto

Faire chauffer le bouillon de volaille. Le garder au chaud sans le faire réduire.

Faire chauffer l'huile d'olive.

Ajouter l'échalote ciselée puis le riz rond. Le faire nacrer quelques instants. Mouiller à hauteur avec le bouillon de volaille. Poursuivre la cuisson sans cesser de remuer jusqu'à ce que le liquide soit réduit.

Renouveler l'opération cinq ou six fois.

Après 20 min, le riz doit être cuit. Incorporer alors le beurre et le parmesan râpé tout en remuant sans cesse.

Rectifier l'assaisonnement.

Dressage

Dans une assiette creuse, disposer le risotto puis râper de fines et belles tranches de truffe blanche dessus.

LA TRUFFE D'ALBA

« Elle est exactement comme on aime, c'est-à-dire comme des gens simples et comme la terre et comme vous. La truffe qui vient d'ici, elle ressemble à Ezio et à son chien, qui s'appelle Jolly, qui est fabuleux… Et puis, cette odeur de truffe… c'est miraculeux. »

À Alba, sous les arbres, il y a des truffes. Ici se trouve la meilleure truffe du monde, comme l'explique EZIO COSTA, dit « chasseur » de truffes avec son chien Jolly. Sous le peuplier mais aussi sous le chêne, qui est le plus important. Toutes les truffes sont très parfumées, mais la couleur change à l'intérieur. La truffe noire vient du chêne, la plus claire, du peuplier. La truffe blanche se recherche de la mi-septembre à la mi-janvier. Pour qu'elle se développe, il faut deux lunes, soit soixante jours.

Champignon souterrain qui pousse auprès des arbres, la truffe tire son parfum et sa saveur de l'arbre auprès duquel elle se développe. C'est un chien dressé pour cela qui saura la flairer près d'un arbre exhalant son arôme. Lequel se transmet aux aliments que la truffe touche par simple contact. Sortie de terre, elle se conserve une dizaine de jours seulement. Râpée sur un œuf accompagné de quelques copeaux de parmesan, elle lui donnera une saveur toute particulière.

« Manger, c'est la vie... Pour le repas de Noël, j'étais toujours en bout de table, j'allais en cuisine finir les cuisses de dinde, et je mangeais tout. Même maintenant, je me mets toujours à côté de ceux qui font un régime, pour prendre dans leur plat. Je me dis " Tiens il ne mange pas, ça doit être bon... " Ça, c'est la vie. »

LE BAROLO

La France n'est pas loin derrière les montagnes piémontaises. Pourtant ici aussi, l'Italie transpire à force de gravir les coteaux où poussent les vignes du barolo, ce vin au minimum vieilli trois ans et issu d'un cépage unique, le nebbiolo. C'est à Alba que vit la famille PIO CESARE. Encore une dynastie transalpine, fraternelle. Nouvelle preuve que la qualité des produits est une affaire de transmission d'un savoir ancien sans cesse protégé. Ici c'est la même étiquette, le même style de vin, depuis 1880.

Produit dans la région de la ville d'Alba, le barolo est un vin de garde de trois ans au minimum (deux ans en cuve et un an en bouteille), mais apprécié dans son excellence au bout de cinq années de garde.

« J'aime quand un vin ne sent pas trop au départ. Quand il se donne après. »

BAVIÈRE

DE MUNICH À TEGERNSEE

« J'éprouve un plaisir immense à venir en Bavière, celui de la découverte de l'étonnement. J'ai pourtant passé beaucoup de temps à Munich pendant le tournage d'Astérix. Mais je ne m'étais pas rendu au-delà, vers la montagne, vers une nature qui, en automne, explose de couleurs. La Bavière est l'un des seize Länder allemands. Sa culture est ancestrale, ses traditions culinaires aussi, bien arrimées dans l'ADN des Bavarois.

Du Munich romantique aux pâturages d'Aschau ; des sous-bois de Samerberg vers les boulangeries de Bichl en passant par les lacs aux eaux limpides de Tutzing et de Tegernsee, avec Laurent, nous voici dans une région d'Europe qui rayonne et qui nous offre une aventure paisible, appétissante et joyeuse. »

LA SIMMENTAL

Aschau

MARTIN THAURER a toujours élevé de la simmental, vache originaire de l'Oberland bernois, jusqu'à l'abattage et la commercialisation. Les simmental sont très recherchées pour leur croissance rapide, leur excellent niveau de production laitière et fromagère, et leur qualité de bêtes de force. La race est très bien adaptée aux exigences montagneuses pour la production d'emmenthal, ce qui en fit sa renommée. Les simmental se nourrissent d'herbe, de foin, et en hiver d'aliments du silo. Elles ont leur premier veau à 24 mois qu'elles allaitent pendant six à sept mois, ce qui leur donne beaucoup de protéines, de graisse, d'acides gras et d'oméga-3. Elles seront abattues vers 2 ans. Leur saveur incomparable, persillée, tient à leur chair grasse et fondante.

« Tous les produits m'excitent. Je mange de tout et je ne suis pas végétarien. Je mange de la viande. Les vaches m'attirent mais il faut qu'elles soient bonnes, tendres, marbrées, grasses, persillées. Les limousines, les highland, les salers me plaisent. Ici en Bavière, c'est la simmental, ancienne race venue de Suisse, qui me charme. Il m'est d'ailleurs déjà arrivé de croquer la viande à même le bœuf. Alors quand j'en vois une, je m'arrête, je la regarde et… je salive. »

LES KNÖDELS

Samerberg

Le hameau de Samerberg est habité depuis le XVIIe siècle. La famille de LENI MAURER y a toujours vécu. De génération en génération, les femmes et les hommes se transmettent la vie, les traditions. Ils sont comme les arbres, comme les ruisseaux, comme le renard, ce tueur de midi qui traque les poules, comme le gibier qui cherche à échapper à la casserole ou comme l'herbe qui pousse et repousse. Ils appartiennent tous à la même nature, à ce lieu.

Le plat typique de Samerberg, ce sont les knödels : une soupe avec des boulettes, du pain blanc mélangé à des œufs, de l'eau, du sel, du poivre, un peu de lait chaud et du persil. Autrefois, les boulettes étaient à la viande, mais dans cette région pauvre, elle est remplacée par des haricots rouges. Le tout sans farine, mais simplement avec des œufs et des morceaux de pain dans le plat. On ajoutait aussi de la choucroute dans la soupe autrefois.

« Chez moi, à l'époque de George Sand, c'était un pays très très pauvre, et dans toute la cuisine berrichonne, il y avait des soupes au pain. Tout était à base de pain, sec. Rien ne se jetait. »

LA CHOUCROUTE

Le chou, débité en fines lamelles, est cuit avec environ 1,5 % de sel. Puis il faut appuyer fortement sur la totalité du chou pour que le jus sorte. Ensuite le laisser dans la cuisine à température ambiante, entre 18 et 20 °C afin qu'il fermente. Au bout d'une semaine, la fermentation a eu lieu, et la dégustation peut commencer.

« Ça sent la poire, l'odeur du schnaps, de l'eau-de-vie de myrtille, de coing, de poire ou d'abricot qui exhale le fruit et qui parfume l'âme plus qu'elle n'étourdit les esprits. Comme le dit Baudelaire : " Un homme qui ne boit que de l'eau a un secret à cacher à ses semblables. " »

LE SCHNAPS

Samerberg

À Samerberg, BARTHOLOMÄUS MEYER est bouilleur de cru et fabrique du schnaps. Il a le droit de distiller 300 litres d'esprit de vin par an, c'est-à-dire de l'alcool à 100 %, ce qui donne 700 litres de schnaps. Pour 1 litre de schnaps, il faut 10 kilos de poires, 10 litres de moût de poire ou de pomme.

Ce que l'on appelle « schnaps » est une eau-de-vie transparente distillée à partir de céréales, de racines ou de fruits, et notamment de cerises, pommes, poires, pêches, prunes ou mirabelles. Le premier jet, imbuvable, est écarté. Ensuite, le schnaps proprement dit est testé continuellement pour son degré d'alcool. Le dernier jet, faible en teneur, est mis de côté pour une distillation ultérieure. Pour en améliorer sa qualité, l'opération peut être renouvelée une seconde fois.

Dans la cuve, le schnaps est à haute teneur en alcool, environ 65 %. Il sera distillé, après huit à dix semaines, avec de l'eau pure à l'aide d'un alcoomètre ; l'alambic est rempli par pompage, puis chauffé. La vapeur d'alcool monte, passe par un col de cygne, puis dans un réfrigérant. Là, elle est refroidie et elle ressort ensuite à l'état liquide. Le premier liquide s'appelle « la tête ». Il a 80° d'alcool. C'est un alcool méthylique ; il ne faut pas le boire. L'alcool buvable, appelé le « cœur », le schnaps, doit être à 37,5°. Le véritable schnaps ne reçoit aucune adjonction de sucre et n'est pas aromatisé.
Bartholomäus produit aussi de l'eau-de-vie de poire de Samerberg qui est sa recette fétiche. Mais dont il garde le secret.

LE BRETZEL

Bichl

SEEP EBERL JUNIOR, boulanger de la quinzième génération de la boulangerie familiale qui existe depuis 360 ans, explique à Gérard et Laurent la fabrication du bretzel, qui se compose de farine de froment, de maltose, de sel marin français et de levure.

On déguste le bretzel avec du beurre ou de la saucisse blanche.

Le bretzel a été inventé au Moyen Âge, alors que le pain était la denrée de base. Selon Seep, telle est la légende qui circule sur la fabrication du bretzel : un boulanger devait racheter une faute auprès du roi en lui apportant une pâtisserie qui laissait passer le soleil à travers trois endroits. Sa femme est arrivée, bras croisés, en lui disant : « Alors on va te couper la tête, aujourd'hui ? » En la regardant, il eut l'idée de faire cette pâtisserie à ganses croisées, et il inventa le bretzel dans son fournil. Pour le sel sur le bretzel, une autre histoire circule en Bavière : tombés dans l'eau de lavage qui contenait de la cendre (et la cendre renferme du sodium), les bretzels, après cuisson, se sont révélés délicieux. C'est comme cela que la tradition du sel sur les bretzels est restée… Le bretzel se déguste avec du beurre ou avec de la saucisse blanche.

« Je peux dialoguer avec les montagnes, avec les lacs bavarois, avec ces paysages qui m'apaisent. Je pourrais même m'attarder longtemps à les contempler. On dit souvent que l'Allemagne n'est pas un pays de cuisine ou de produits. La réalité est tout autre. Ce qui me plaît, c'est savourer un omble fumé, humer un schnaps devant une verte vallée, dévorer une pièce de simmental au goût de foin ou attendre que le chou fermente. »

LA SAUCISSE BLANCHE

La weisswurst, saucisse blanche à base de veau, contient des épices comme la cardamome et le gingembre, de l'oignon, du persil, du maigre de veau et du gras de porc. Elle se cuisine pochée à 75 °C maximum, pour qu'elle n'éclate pas. Traditionnellement, les weisswurst se dégustent au petit déjeuner, avec de la bière blanche et des bretzels.

SOUPE DE CERISES AU KIRSCH

INGRÉDIENTS
Par personne

8 à 10 cerises (selon la taille)
1 cuillerée à soupe de gelée de groseilles bavaroises
1 trait de kirsch

Équeuter et dénoyauter les cerises.

Les pocher légèrement et doucement dans un sirop pendant environ 1 min. Débarrasser les fruits, puis les réserver au frais.

Faire réduire le sirop pendant 5 min. Ajouter la gelée de groseilles. Laisser réduire jusqu'à consistance sirupeuse.

Ajouter le kirsch. Réserver.

Recouvrir les cerises de ce sirop. Réserver au frais avant de servir.

LE PLUS
On peut agrémenter cette préparation d'une glace pistache ou vanille.

« L'histoire des produits culinaires rejoint souvent celle des hommes, et j'apprécie qu'elle se transmette. Je suis un entremetteur, un passeur. Je prolonge les émotions, je suis un acteur des cinq sensations. Entendre pour reproduire ; voir pour reconnaître ; toucher pour savoir ; sentir pour me mettre en appétit ; et goûter pour éprouver le bonheur. Et j'aime que ce bien-être soit fugitif, que je le perde aussitôt trouvé. Cela pousse vers l'inconnu. »

LES CHAMPIGNONS

Bichl

La Bavière se souvient et construit son avenir avec ses traditions. La recherche du naturel, des coutumes et des légendes bavaroises poursuit les voyageurs. Le paradis n'est sans doute pas très loin d'une charcuterie ou d'un vieux moulin avec ses pains noirs. Sur le marché aux victuailles de Munich, Gérad et Laurent retrouvent les produits qu'ils ont vus, goûtés, aimés. Entre les myrtilles et les pommes de terre, les champignons sont là : les cèpes, les girolles et les chanterelles.

Les cèpes sont les seuls champignons que l'on doive manger crus, en carpaccio.

HELMUT GRÜNERT est un grand connaisseur de champignons. Il peut reconnaître à l'œil nu les 5 000 à 6 000 espèces existant en Europe. Il explique que les champignons jouent un rôle très important dans la nature. Sans eux, pas de forêt, parce que les champignons décomposent le bois. Ils permettent d'activer les processus de transformation. Le cèpe vit en symbiose avec les arbres. Autrement dit, sans arbres, pas de champignons et sans champignons, pas d'arbres. Et c'est pour cela que les cèpes ne peuvent être cultivés. Ce sont les seuls que l'on doive manger crus, en carpaccio.

SPÄTZLES AUX CÈPES

INGRÉDIENTS
Pour 4 personnes

500 g de farine
5 œufs
2 cuillerées à soupe de crème fraîche épaisse
1 cuillérée à café de sel
Un peu de muscade
1 noisette de beurre
Fines tranches de cèpes de Bavière poêlés

Mélanger la farine tamisée, les œufs, la crème épaisse, et le sel, du poivre et la muscade fraîchement moulue.

Dans une grande quantité d'eau salée, à l'aide de petites cuillères à café, faire pocher les spätzles jusqu'à ce qu'ils remontent à la surface.

Les égoutter, les éponger dans un linge, puis les passer dans du beurre noisette.

Dressage
Servir très chaud en disposant dessus les tranches de cèpes poêlés.

VARIANTE
Ce plat peut également se préparer avec des girolles.

LES POISSONS DU LAC DE TEGERNSEE

L'eau froide arrive dans le lac depuis les montagnes. Le Tegernsee est l'un des lacs les plus propres d'Allemagne. L'eau étant très pure et potable, les corégones n'y trouvent pas toute la nourriture qu'il leur faut, ces poissons se nourrissant de plancton animal mais aussi de petit plancton végétal. Il n'y a que peu d'algues qui se forment sur le lac, peu de nutriments. Pour cette raison, les poissons ont une faible croissance.

« Si ce matin les corégones sont les plus nombreux dans nos filets, quelques ombles chevaliers ont été capturés. C'est ce que j'attendais. J'adore la chair subtile de ce seigneur des grands fonds. »

CHRISTOPH VON PREYSING, pêcheur, jette ses filets dans l'eau jusqu'à 15 mètres de profondeur, la nuit. Depuis quatorze ans, entre 800 mètres et 1 kilomètre de filets chaque jour… L'entreprise de Christoph est la seule qui ait le droit de pêcher sur le Tegernsee avec des filets. L'été, c'est la pêche au corégone et l'automne, au brochet. Sur le bateau, il y a deux maîtres, deux compagnons, deux apprentis. L'Allemagne est le seul endroit d'Europe où l'on peut faire un apprentissage de pêcheur. Elle s'occupe aussi de l'élevage et met à l'eau, chaque année, deux millions de poissons.

SIMPERT ERNST, autre pêcheur, explique le fumage. Les poissons sont fumés en étant déposés dans une saumure dite « mouillée » : 10 litres d'eau, entre 800 grammes et 1 kilo de sel, un peu de baies de genévrier, de l'ail et des feuilles de laurier. Ils y resteront douze heures. Pour le fumage est utilisé essentiellement du bois d'aulne et de hêtre, pour l'arôme qu'il dégage. On peut également se servir de bois de cerisier, mais il est plus coûteux. Le poisson est chauffé, cuit dans la fumée.

L'omble chevalier est le seigneur du lac. Salmonidé à la robe grisée, mouchetée de blanc, il peut peser jusqu'à 8 kilos et dépasser 80 centimètres. Il est ensuite fumé dans le fumoir devant le lac.

« Dans cette région bavaroise, la littérature est très romantique. Et c'est tellement beau, et empreint de mélancolie… On ne peut que s'asseoir et penser. C'est là que l'on comprend Wagner et les grands musiciens. Ce sont des paysages et un climat qui favorisent l'entrée en soi-même et le spirituel. On est facilement philosophe dans ces pays-là. »

« Comme les grands écrivains voyageurs, l'inconnu m'attire. Je suis un aventurier et je lutte contre la peur. L'aventure me sert à surpasser mes objectifs. La part d'ombre du lieu, de l'homme m'excite terriblement. C'est pourquoi je suis un grand voyageur, un découvreur. »

CARNET D'ADRESSES

ÎLE-DE-FRANCE

Miel de l'Opéra de Paris
& société Mugo
Gautier la Combe
Tél : 01 30 24 38 04
www.mugo.fr

Serge Barberon
23 rue du Tour de Ville
91660 Méréville
Tél : 01 64 95 11 95

La distillerie du Gâtinais
Catherine Bosc-Bierne
91490 Milly-la-Forêt
www.herbier.com

EARL du Clos du Roi
Grégory Spinelli
11 rue Pagnere
95310 Saint-Ouen-l'Aumône
Tél : 01 34 64 11 74
Facebook : EARL
Champignonnière
du Clos du Roi

EARL du Château
Laurent Bérurier
1 impasse du Clos
95000 Neuville-sur-Oise
Tél : 01 34 24 06 79

Doumbéa
Yves Le Guel
166 rue de Charonne
75011 Paris
Tél : 01 43 70 58 05
www.jambondeparis.com

ÉCOSSE

Orbost Farm
Keith et Rachael Jackson
Osdale Farmhouse
Dunvegan, Isle Of Skye
IV55 8ZB
Tél : +44 1470 521828
www.keithandrachael
jackson.wordpress.com

Keltic Seafare
Katherine Rhodes
6 Strathpeffer Rd
Dingwall IV15 9SP
Tél : +44 1349 864087
www.kelticseafare.com

Eilean hotel Iarmain
Isle Ornay Hotel
Sleat IV43 8QRE
Tél : +44 1471 833240
www.eileaniarmain.co.uk

BRETAGNE

Claude Cabioche
Vieux Port de Roscoff
29680 Roscoff
Tél : 06 09 45 23 64

Domaine de Kerveguen
Éric Baron
29620 Guimaëc
Tél : 02 98 67 50 02
www.kerveguen.fr

Jean-Pierre Craignou
Port Melloc'h
29253 Île de Batz
Tél : 02 98 61 78 65

Hôtel de Carantec
Restaurant Patrick Jeffroy
20 rue Kelenn
29660 Carantec
Tél : 02 98 67 00 47
www.hoteldecarantec.com

La Maison du Boulanger
Michel Izard
3 rue des Marchands
29870 Lannilis
Tél : 02 98 04 48 05
www.michel-izard.com

David Akpamagbo
Locmelar
29400 Le Pontic
Tél : 02 98 79 25 07

PAYS BASQUE

Fromage d'estive Otsaitza
Jean-Michel Oreguy
Maison Mendi Alde
64430 Banca
Tél : 05 59 37 44 38
www.ossau-iraty.fr/etape/
oreguy-jean-michel

Peïo Goicoetchea et
François Juanicotena
Route des Aldudes
64430 Banca
Tél : 05 59 37 45 97
www.truitedebanka.com

Jean-Marie Oçafrain
Route Urepel
64430 Aldudes
Tél : 05 59 37 89 40
www.belaun-aldude.com

Domaine Arretxea
Michel et Thérèse Riouspeyrous
64220 Irouléguy

CATALOGNE

Restaurant El Bellver
Ignasi Martinez
Masía El Bellver, s/n
08593 Tagamanent
www.lacalma.net

Raül et Sidru Molist
www.espairuralgallecs.cat

Peixos de Palamos
Gérard Obiol
Polígon industrial camp
de la Rutlla 2
17230 Palamos
Tél : +34 972 31 81 03
www.peixosdepalamos.com

PORTUGAL

Restaurante Ribamar
Hélder Chagas
Av. dos náufragos 29
2970 Sesimbra

Agrotamanhos
Alfeu Magalhães
agrotamanhos@gmail.com

ITALIE DU SUD

Tenuta Vannulo
Antonio Palmieri
Via Galileo Galilei 101,
c. da Vannulo
84047 Capaccio Scalo
Tél : +39 0828 727894
www.vannulo.it

Pasta Gentile
Alberto Zampino
Via vecchia san leone 1
80054 Gragnano
Tél : +39 081 8013417
www.pastagentile.it

Trattoria Il Focolare
Silvia et Agostino d'Ambra
Via Cretajo al Crocefisso 3
80074 Barano d'Ischia
Tél : +39 081 902944

ITALIE DU NORD

Azienda agricola Carraia
Franco Bardi
Podere Carraia 47
53020 Petroio Trequanda
Tél : +39 0577 665208

Boucherie Marcelleria Ricci
Via Traversa dei Monti 4
53020 Trequanda
Tél : +39 0577 662252
www.macelleriaricci.it

Carlo Galloni
Via Roma 84
43013 Langhirano
Tél : +39 0521 354211
www.galloniprosciutto.it

Antica Corte
Pallavicina Relais
Luciano et Massimo
Spigaroli
Strada del Palazzo Due
Torri 3
43010 Polesine Parmense
Tél : +39 0524 936539
www.fratellispigaroli.it

Ezio Costa
Strada Gaverri 3
14054 Castagnole delle
Lanze
Tél : +39 3687 477880
www.i-grilli.it

Pio Cesare
Via Cesare Balbo 6
12051 Alba
Tél : +39 0173 440386
www.piocesare.it

BAVIÈRE

Marchlhof
Martin Thaurer
Spöck 9
83229 Aschau im Chiemgau
Tél : +49 (0) 8052 958760
info@marchl-hof.de

Eberl GmbH Bäckerei/
Konditorei
Seep Eberl Junior
Kocheler Str. 10
83673 Bichl
Tél : 08857-8107
www.baeckerei-eberl.de

INDEX

RECETTES

DÉCOUVERTES CULINAIRES

À PLEINES DENTS !

Avec
GÉRARD DEPARDIEU
LAURENT AUDIOT

Une collection de films de
LAURENT AUDIOT, STÉPHANE BERGOUHNIOUX
DAPHNE ELFFERICH, SÉBASTIEN FALLOURD

réalisée par
STÉPHANE BERGOUHNIOUX et SÉBASTIEN FALLOURD

écrite par
LAURENT AUDIOT et STÉPHANE BERGOUHNIOUX

Produite par
LAURA BRIAND

Une production
LES FILMS D'ICI 2
ARTE GEIE
SPRL 2712

Distribution internationale
BALANGA

Édition Vidéo
WILD SIDE

les films d'ici 2 — arte — BALANGA — WILD SIDE — PLANÈTE +

Crédits photographiques

© **Stéphane Bergouhnioux** : p. 24 (en haut) ; p. 32 (en haut) ; p. 34 (en haut) ; p. 36 (en bas à gauche); p. 122 (en bas) ; p. 140 ; p. 142 (en haut) ; p. 143 (en haut) ; p. 144 (en haut) ; p. 148 (en haut) ; p. 150 ; p. 153 (en haut)

© **Sophie Loustau** : photographies des recettes (p. 15, 31, 51, 75, 85, 89, 99, 117, 133, 165) et p. 28, 74, 84, 88, 132

© **Alastair Miller** : p. 6 ; p. 8 ; p. 12 (en haut) ; p. 13 (en haut) ; p. 16 ; p. 17 (en bas)

© **Jean-Daniel Sudres/Voyage-Gourmand** : p. 10 (en bas à droite) ; p. 17 (en haut) ; p. 43 (en bas) ; p. 48 (en bas) ; p. 49 (en bas) ; p. 58 (en haut) ; p. 65 (en haut à droite) ; p. 71 ; p. 76 (en haut) ; p. 80 (au milieu) ; p. 82 (en bas) ; p. 93 (en bas à droite) ; p. 101 ; p. 112 (en bas) ; p. 118 (en haut) ; p. 128 (en haut) ; p. 129 (en haut) ; p. 131 (en haut) ; p. 134 (à gauche) ; p. 143 (en bas) ; p. 147 (en bas) ; p. 149 (en bas) ; p. 151, ; p. 152 (en bas à gauche et en bas à droite) ; p. 162 (en haut) ; p. 164 ; p. 167

© **Shutterstock** : p. 4 © Astudio ; p. 10 (en haut) © Maziarz ; p. 12 (en bas) © Brent Hofacker ; p. 38-39 © Bucchi Francesco ; p. 62 (en bas) ©Mimadeo ; p. 78 (en haut) © Olaf Speier ; p. 83 (en haut) © Denio109 ; p. 86 (en bas) © Papj ; p. 90 (en haut) © Shatas ; p. 90 (en bas) © Paulo Rocha ; p. 106 (en haut) © Philip Lange ; p. 106 (en bas) © Ikpro ; p. 120-121 © M. V. Photography ; p. 122 (en haut) © Onairda ; p. 130 (en bas) © Sviluppo ; p. 138-139 © Ilolab ; p. 145 © Rasti Sedlack ; p. 154 (en haut) © Pndrej Prosicky ; p. 159 (en bas) © Jiri Hera ; p. 168 (en haut) © SusaZoom ; p. 170-171 © Cooperman

© **Picsfive** : notes des recettes

© **StrelaStudio** : cartes postales

Toutes les autres photographies proviennent de la production de la série *À pleines dents !*

Textes originaux
Stéphane Bergouhnioux

Rédaction et coordination éditoriale
Anne Botella

Direction éditoriale
Marie Dreyfuss
Céline Priet

Conception artistique et mise en page
Émilien Castaing

Fabrication
Christian Toanen
Nikola Savic

Achevé d'imprimer en France par Pollina-L77853

Dépôt légal : novembre 2016
ISBN 13 : 978-2-7499-3092-3
LAF 2298